초등학교
교실영어

초등학교 교실영어

1판 1쇄 인쇄_2012년 08월 10일
1판 1쇄 발행_2012년 08월 13일

엮은이_김영철
펴낸이_홍정표

펴낸곳_글로벌콘텐츠
등 록_제25100-2008-24호

공급처_(주)글로벌콘텐츠출판그룹
이 사_양정섭
디자인_김미미
기획·마케팅_노경민 배정일 배소정
경영지원_안선영
주 소_서울특별시 강동구 길동 349-6 정일빌딩 401호
전 화_02-488-3280
팩 스_02-488-3281
홈페이지_www.gcbook.co.kr
이메일_edit@gcbook.co.kr

값 12,000원
ISBN 978-89-93908-42-8 03740

초등학교 교실영어

Elementary school Classroom English

김영철 지음

글로벌콘텐츠

이 책은 교육대학교 학생들에게 초등학교 교실영어의 구체적 방법들을 제시하기 위하여 만들어졌습니다. 교육대학교 영어교육과 학생들뿐만 아니라 모든 학생들은 교사가 되었을 때 현장에서 초등학생들에게 영어교육을 하여야 합니다. 따라서 교육대학교 교육과정에서 현장영어 방법들을 제대로 알지 못하면 현장에서 영어교육을 할 때 어려움을 겪을 것입니다. 영어 외에 다른 과목들을 가르치는 초등 교사들에게 이 책은 좋은 길잡이가 될 것으로 여겨집니다.

이 책은 초등학교 5학년 정도의 고학년 학생들을 대상으로 만들어졌습니다. 이 책은 초등학교 학생들이 지루함을 느끼지 않도록 한 단원에 4개의 차시로 구성되어 있습니다. 아울러 활동 중심의 수업 방식으로 학생들이 지루하지 않고 즐거움을 느끼면서 영어를 배울 수 있도록 구성되어 있습니다.

1차시에는 교재를 보면서 듣고 말하기를 배우도록 되어있으며 초등학생들의 특성을 감안하여 놀이를 통한 영어교육이 실현됩니다. 2차시에는 같은 방식으로 교재를 보면서 듣고 말하기를 배우는데 놀이와 더불어 노래를 첨가하여 학생들에게 더욱 활기 있는 영어교육이 되도록 하였습니다. 3차시에는 말하기를 더욱 강화하였고, 아울러 문자언어인 읽기와 쓰기를 활동 중심으로 구성하여 초등학생들이 어려움을 느끼지 않고 재미있게 배울 수 있도록 하였습니다. 아울러 3차시에도 놀이를 추가하여 초등학생들이 더욱 재미를 느낄 수 있도록 하였습니다. 마지막으로 4차시에는 역할극을 제시하여 모든 학생들이 참여하면서 배운 내용들을 재미있는 역할극을 통하여 완성하고, 지금까지 배운 내용들은 복습을 통해서 평가를 해줌으로써 다음에 배울 내용들에 대하여 자신감을 가질 수 있도록 하였습니다. 아울러 4차시에는 지금까지 배운 표현들을 보충과 심화의 수준별 활동으로 나누어 학생들이 배운 표현들에 대하여 동기화되도록 구성하였고, 마지막으로 이 과와 관련된 문화이야기를 재미있는 이야기 방식으로 구성하여 학생들이 영어권 문화에 관심을 갖고, 우리 문화에 대해서도 더욱 소중하게 생각하는 계기를 마련하였습니다.

위와 같은 내용을 담은 이 책이 교육대학교 학생들에게 초등학교 교실영어에 대한 관심과 열정을 갖게 하고 많은 도움이 되기를 기대해 봅니다.

2012년 6월

김영철

초등학교 교실영어

c o n t e n t s

Elementary school Classroom English

5-1 Good to See You!

단원 목표		
단원 목표	듣기	만나고 헤어질 때 하는 인사 표현을 듣고 이해한다.
	말하기	상대방과 만나고 헤어질 때의 알맞은 인사말을 한다.
	읽기	간단한 낱말의 의미를 이해하며 읽는다.
	쓰기	구두로 익힌 낱말을 알파벳 대·소문자를 구별하여 쓴다.

구 분	1차시	2차시	3차시	4차시
학습단계 및 학습활동	- Look and Listen(1)	- Look and Listen(2) - Listen and Speak(2)	- Let's Speak More - Let's Read	-Let's Role Play -Let's Review(1)
	-Listen and Speak(1) -Let's Play(1)	-Let's Sing -Let's Play(2)	-Let's Write -Let's Play(3)	-Let's Review(2) -Catch Up -Jump Up -Culture Tips
의사소통기능	1. 소개에 답하기 Nice to meet you. 2. 인사하기 Good to see you. See you later. 3. 기원말하기 Have a nice day. Have fun.			
언어형식	________ to see you! Have ________.			
어휘(9개)	bed, home, classroom, yummy, hurray, later, soon, take, see			

Good to See You!

Look and Listen(1) **그림을 보면서 노래를 들어 봅시다**

Jaewon, Minwoo, David(미국인) 큰 원형 공간 안에서
즐겁게 범퍼카를 타며 서로 마주치자
손을 흔들어 반갑게 인사를 나누고 있다.

· 범퍼카(놀이용 자동차)

1) 초등학생들이 좋아하는 꿈돌이랜드, 에버랜드와 같이 놀이동산에 있는 어린이용 놀이기구
2) 운전하며 부딪쳐도 다치지 않도록 차 앞에는 고무로 보호 장치
3) 범퍼카 위에는 깃발도 달려 휘날림

· David: 미국식 발음

단원안내

- 사람을 만났을 때와 헤어질 때의 인사를 자신감 있게 말할 수 있다.
- 상대방과의 관계에 따라 알맞은 인사를 나눌 수 있다.

Look and Listen(1) 그림을 보면서 들어 봅시다

<table>
<tr><td>준비물</td><td>CD-ROM</td><td>형태</td><td>전체</td></tr>
<tr><td>대화내용</td><td colspan="3">화창한 봄 날, 놀이 동산에서 재원, 민우, David가 놀러가 범퍼카를 타고 있는 아이들을 보며 이야기를 나누고 있다.
Jaewon Look at that! Wow, it looks fun.
Minwoo Let's take a Bumper Car.
David Very good.
세 명의 아이들도 차례를 기다려 큰 원형의 공간에서 즐겁게 범퍼카를 타며 놀다가 마주치자 반갑게 인사를 나눈다.
Jaewon (즐겁게 범퍼카를 운전하며) Hurry!
(David와 마주치자 반갑게 인사를 하며) Good to see you!
David (반갑게 재원이와 손바닥을 마주 치며)
Good to see you, too. Have a good time!
Jaewon (활짝 웃으며) Have fun, David.
David (운전을 하다가 민우와 만나자 손을 흔들어 보이며)
Hi, Minwoo. Have a nice day!
Minwoo Thanks. See you soon.
아이들이 환호성을 지르며 즐겁게 범퍼카를 타며 논다.
Jaewon (즐겁게 범퍼카를 운전하다가 민우를 보자) Minwoo!
Minwoo (반갑게 손을 흔들며) Hi! Jaewon, Nice to see you.
Jaewon (밝은 표정으로) Nice to see you, too. It's fun.
Have a good time. See you.
Minwoo Have fun! See you later. Wow, it's a happy day!
(인사를 하고 회전하다가 David와 부딪힐 뻔 한다)
Jaewon (이 상황을 본 재원이가 민우를 보고 다급한 목소리로)
Oh! Watch out, Minwoo. Be careful, please.
Minwoo Oops. (재원이를 보며) Thank you, Jaewon.
아이들의 즐거운 웃음소리가 한가득 울려 퍼진다.</td></tr>
<tr><td>활동방법</td><td colspan="3">① 교과서 그림을 보고 전반적인 내용과 표현을 생각해 보도록 한다.
② 화면은 보지 않고 대화만 듣고 내용을 탐색해 보게 한다.
③ 화면을 보면서 대화를 들으며 정확하게 내용을 파악하도록 한다.</td></tr>
<tr><td>유의사항</td><td colspan="3">만나고 헤어질 때 사용할 수 있는 다양한 표현 방법이 있다는 것을 알려 준다.</td></tr>
</table>

Listen and Speak(1) 듣고 말해 봅시다

장면 1

새 학년 새 반이 되어 5학년 1반 재원이와 5학년 5반의 민지가 교실 앞 복도에서 반갑게 인사하는 모습

서로 다른 교실을 나타내는 학급표시판을 꼭 제시

장면 2

재원이가 공원에서 농구공으로 가볍게 운동을 하다가 공이 굴러가 자연스럽게 영국 아이 Chris와 웃으면 인사하는 모습

1) 자연스럽게 공이 외국아이 Chris에게 굴러가도록 애니메이션 처리
2) Chris: 영국식 발음

Let's Play(1) '동그라미 인사' 놀이를 해 봅시다

카셋플레이어가 놓인 책상 옆에
확대한 인사하기 그림카드를 제시하는 모습의 교사

남학생

여학생

각 각 두 개의 원을 만들어 학생들은 서로 마주보고 선다
학생들이 밝은 표정, 손을 서로 흔들며 인사하고 있다

자기평가

놀이의 규칙을 잘 알고 실천했나요?	상 □ 중 □ 하 □
놀이에 필요한 영어를 자신감 있게 말할 수 있나요?	상 □ 중 □ 하 □

Listen and Speak(1) 듣고 말해 봅시다

<table>
<tr><td>준비물</td><td>CD-ROM</td><td>형태</td><td>전체</td></tr>
<tr><td>대화내용</td><td colspan="3">〔장면 1〕
Jaewon (민지를 보고 활짝 웃으며) Minjee, nice to see you!
Minjee (손을 반갑게 흔들어 보이며) Hi! How are you?
Jaewon I'm fine. Thanks.
Minjee (5학년 1반을 가르키며) Is this your classroom?
Jaewon Yes, it is.
Minjee Wow, It's nice.
Jaewon (수업 종이 울린다) Thank you. Oops, See you later.
Minjee See you soon.
〔장면 2〕
Jaewon (농구공으로 가볍게 운동하며) It's a nice day.
Ouch! (공을 놓쳐 데구구루 공이 Chris에게 굴러간다)
Chris (굴러오는 공을 잡으며) Oh!
Jaewon (Chris에게 다가하며) Sorry, it's my ball.
Chris (공을 친절히 건네주며) Here.
Jaewon Thank you. My name is Jaewon Kim. Nice to meet you.
Chris Nice to meet you, too. I'm Chris.
Jaewon Have a nice day.
Chris Thanks. Have fun.</td></tr>
<tr><td>활동방법</td><td colspan="3">① 전체적인 내용과 주요 표현을 추측해 보도록 한다.
② 내용을 정확하게 파악하고 주요 표현을 따라서 말해보도록 한다.
③ 내용을 이해하며 자신감 있는 태도로 말하도록 한다.</td></tr>
<tr><td>발음지도</td><td colspan="3">classroom, later, ball의 〔l〕발음과 〔r〕발음의 차이를 지도한다.</td></tr>
<tr><td>언어형식</td><td colspan="3">________ to ________ you! : (Nice/Good/happy) to (see/meet) you!를 넣어 다양하게 언어의 형식을 적용해보게 한다.</td></tr>
<tr><td>유의사항</td><td colspan="3">다양한 인사 표현이 있다는 인식을 가지고 자신감 있게 말하도록 하는 데 활동의 주안점을 둔다.</td></tr>
</table>

Let's Play(1) '동그라미 인사' 놀이를 해 봅시다

놀이명	동그라미 인사	기능	듣기·말하기	형태	성별/소집단별
목 표	상대방과 자연스럽게 인사를 나눌 수 있다.				
사용언어	Good to see you. Nice to meet you. Have fun. Have a nice day.				
준비물	음악, 인사하는 모습의 확대 그림				
활동방법	① 만날 때와 헤어질 때의 다양한 인사 표현을 확인하게 한다. ② 남여 별로 2개의 원형을 만들어 마주 보고 세게 한다. ③ 두 원의 방향을 서로 달리 해서 음악에 맞춰 한 발짝씩 움직이도록 한다. ④ 음악이 멈출 때 마주친 상대방과 인사를 나누도록 한다. ⑤ 음악이 다시 시작되면 이전처럼 음악에 맞추어 한 발짝씩 움직이도록 한다.				

Look and Listen(2) 그림을 보면서 들어 봅시다

꿈속에서 민우가 방금 읽은

세종대왕과 아브라함 링컨을 만나 대화를 나누는 장면

구름 마차 위에 서 있는 세종대왕과 링컨, 민우와

반갑게 인사를 나누며

강아지와 자전거를 선물한다.

책상에서 세종대왕, 링컨 책을 읽다가 잠이 든 민우, 행복한 표정

1) 책상 위에 책 제목이 보이도록 그림 제시(세종대왕, 링컨)

2) 동영상에서는 세종대왕과 링컨을 클로즈업 기법을 통해 환상적인 느낌으로 등장시켜야 함.

3) 구름마차는 구름을 그리고 장식을 해서 상상의 구름 모습을 그리고, 세종대왕과 링컨이 잘 부각되도록 제시

Look and Listen(2) 그림을 보면서 들어 봅시다

<table>
<tr><td>준비물</td><td>CD-ROM</td><td>형태</td><td>전체</td></tr>
<tr><td>대화내용</td><td colspan="3">세종대왕과 링컨을 읽다가 잠이 든 민우는 꿈속에서 실제 이들을 만나 인사를 나누게 된다.
Minwoo (구름 위를 걷는 민우, 사람 형체의 뭔가가 서서히 다가오는 것을 느끼고) Who are you?
King Sejong (구름 마차를 타고 등장하며) I'm King Sejong. Nice to see you.
Minwoo Wow, nice to see you, too. My name is Minwoo.
King Sejong Do you like puppyies?
Minwoo Yes, I do.
King Sejong (강아지를 선물로 건네며) This is for you.
Minwoo (밝게 웃으며) Oh, thank you so much. I like it.
Lincoln (신비한 소리를 내며 구름 마차가 도착한다) Hello!
King Sejong Good to see you, Lincoln. (민우를 소개해주며) This is Minwoo. Minwoo, this is my friend, Abraham Lincoln.
Lincoln Nice to meet you, Minwoo.
Minwoo Nice to meet you, too.
Lincoln Can you ride a bike?
Minwoo Sure, I can.
Lincoln (자전거를 선물로 건네며) This is for you.
Minwoo (기뻐하며) Thanks.
King Sejong See you soon. Have a nice day!
Lincoln Have a good day!
Minwoo Hurray!
기쁨의 환호성을 지르다 잠이 깬다.</td></tr>
<tr><td>활동방법</td><td colspan="3">① 그림을 보고 전체적인 내용과 주요 표현을 생각해 보도록 한다.
② 영상 없이 대화만 들어본 후 내용 파악을 위한 핵심적인 질문에 답해 보도록 한다.
③ 영상과 소리를 함께 들어 보며 정확한 내용을 이해하도록 한다.</td></tr>
<tr><td>유의사항</td><td colspan="3">① 본 단원의 핵심 표현과 3, 4학년 때 배운 주요 표현들을 총 복습해 보도록 한다.
② 모르는 사람을 처음 만났을 때 하는 인사 'Nice to meet you!'와 아는 사람을 만났을 때 반갑게 인사하는 'Nice to see you!'의 차이를 설명해 준다.</td></tr>
</table>

Listen and Speak(2) 듣고 말해 봅시다

장면 1

재원, 민지, 민우, Chris, David가 학교 운동장에서 축구를 하고 있다

장면(1)

혼자 축구공을 가지고 노는 민우

장면(2)

재원이와 민지의 등장

세 명이 인사하는 모습

장면(3)

David와 Chris의 등장

다섯 명이 인사하는 모습

장면(4)

다섯 명이 즐겁게 축구하는 모습

이 네 장면이 자연스럽게 연결되도록 동영상 제작

장면 2

꽃집에서 민지와 Miss Jane이 인사를 나누는 장면

3월에 피는 꽃이나 꽃나무로 배경처리 (예) 개나리, 진달래, 민들레, 철쭉, 목련, 유채꽃, 제비꽃

Miss Jane: 미국계 러시안 발음

Listen and Speak(2) 듣고 말해 봅시다

준비물	CD-ROM	형태	전체
대화내용	〔장면1〕 Jaewon (민우를 보고) Good to see you! Minjee (손을 흔들며) Nice to see you! Minwoo (학교 운동장에서 혼자 놀던 민우는 재원이와 민지가 오는 것을 보고는 반갑게 인사하며) Hi, Jaewon. Minjee! Let's play soccer. Jaewon Good! Minjee Ok. 세 명이 함께 학교 운동장에서 축구를 하고 있다. David (재원이와 민우를 바라보며) *Jaewon! Minwoo!* Jaewon (David와 Chris에게 손을 흔들며 다가가) Nice to see you. Minwoo (반갑게 웃으며) Hi! David (민우를 보며) Hello. (Chris를 보며) Chris., this is my friend, Minwoo. Minwoo (악수를 청하며) Nice to meet you, Chris. Chris (악수를 하며) Nice to meet you, too. Jaewon Let's play soccer together. Chilren Sure! (5명의 아이들이 즐겁게 축구를 하며 즐거워한다) 〔장면2〕 Minjee (꽃집에 들어서며) Wow, it's a beautiful flower. (Miss Jane을 바라보며) Hello, Miss Jane! Miss Jane (민지를 맞이하며) Good to see you. How are you? Minjee I'm fine. Thanks. How about you? Miss Jane Jane I'm good. Thank you. Minjee Do you have pink flowers today? Miss Jane Yes, I do. (꽃을 건네주며) Here you are. Minjee (꽃의 향기를 맞으며) Very good. How much is it? Miss Jane (꽃 한 송이를 포장해주며) It's five hundred won. Minjee (돈을 건네며) Here. (문을 나서며) Have a nice day! Miss Jane (손을 흔들어 보이며) See you soon. Have fun!		

활동방법	① 내용을 정확하게 이해하며 표현을 따라서 말해 보도록 한다. ② 표현을 반복해서 연습해본 후 화면만 보고 립싱크(lip-synch)를 해보게 한다. ③ 화면을 보지 않고 등장인물들처럼 짝과 함께 자연스럽게 대화해 보도록 한다.
발음지도	'Good to see you'를 자연스럽게 이어서 발음하도록 한다.
언어형식	'See you', 'See you soon', 'See you later', 'See you then'과 같이 'See you ( )'의 다양한 언어 형식을 만들어 보도록 한다.
유의사항	정확성 보다는 유창성에 중점을 의사소통이 원활하게 이루어지도록 하는데 주안점을 둔다.

Let's Sing 다함께 노래해 봅시다

우리나라 아이들과 외국 아이들이 함께 손을 잡고 노래 부르는 장면

장면 1: 우리나라 남학생과 여학생들이 한복을 입고 춤을 추고 인사를 나누는 모습

장면 2: 외국의 남학생 여학생들이 자국의 민속의상을 입고 춤을 추고 인사를 나누는 모습

장면 3: 우리나라와 외국의 학생들이 서로 원을 하나로 그리며 손을 잡고 춤을 추는 모습

장면 1, 2, 3을 자연스러운 순서로 이어지도록 애니메이션 처리

Let's Sing 다함께 노래해 봅시다

준비물	CD-ROM	형태	전체
가사	Good, Good, Good, Good to See You! Good, Good, Good, Good to See You! Have a Nice Day See You Soon Good, Good, Good, Good to See You! Good, Good, Good, Good to See You! Have a Good Day See You Later See You See You Nice day Nice Day See You Have a Good Day		
활동방법	① 화면을 보면서 자유롭게 따라 불러 보도록 한다. ② 내용에 알맞은 동작으로 나타내거나 특정한 낱말에서 신체적 반응을 창의적으로 만들어보게 한다. ③ 간단한 악기를 사용하여 박자를 맞추어 가며 즐겁게 노래를 부르게 한다.		

Let's Play(2) '우리 집' 놀이를 해 봅시다

각 소집단별로 노래를 부르며 박자에 맞추어 교대로 전진하다가 한 명씩 나와서 가위, 바위, 보해 팀원을 한 명 데려가는 놀이 모습

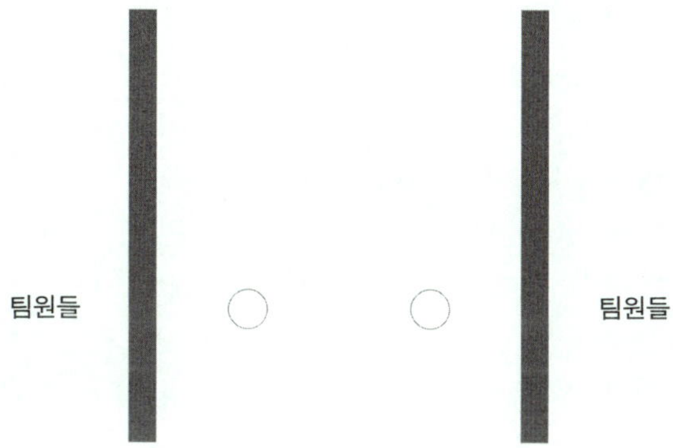

자가평가

놀이의 규칙을 잘 알고 실천했나요?	상 □	중 □	하 □
놀이에 필요한 영어를 자신감 있게 말할 수 있나요?	상 □	중 □	하 □

Let's Play(2) '우리 집' 놀이를 해 봅시다

놀이명	우리 집에 왜 왔니 왜 왔니?	기능	듣기·말하기	형태	소집단
목 표	상대방과 자신감 있게 영어로 인사를 나눌 수 있다.				
사용언어	Good to ______ you. Nice to ______ you. See you. See you later. See you soon.				
준비물	점수표, 노란색 라인 테이프				
활동방법	① 우리 집에 왜 왔니 왜 왔니? 가락에 맞는 인사 표현을 학생들과 협의한다. (예) Good/Good/Good to see you/Good to see you/Good/Good ② 놀이 방법을 실제 교사가 시연해 보인다. - 노래에 맞춰 걸어가 상대편의 친구 이름을 한 명만 부른다. - 두 명의 학생들은 앞으로 조금 나와 서서 Good/Nice to see you!라고 서로 영어를 사용해 인사를 나눈다. - 가위, 바위, 보를 한다. - 지면 팀원들에게 'See you(later, soon)'이라고 영어로 인사하고 상대방 팀으로 가야 한다. - 순서를 번갈아 가며 놀이를 반복한다. ③ 놀이방법에 대한 질문이 없는지 확인하고 주의 사항을 강조하여 학생들이 정확히 놀이 방법을 이해하면 놀이를 시작한다.				
유의사항	① 교실 상황에 따라 놀이를 재구성하여 적용한다. ② 선을 그어 활동이 가능한 공간을 지키도록 한다. ③ 반드시 영어로 만났을 때 인사하고 헤어지도록 한다. ④ 모든 친구들의 이름을 공평하게 한 명씩 호명하도록 한다.				

Let's Speak More 그림 속의 주인공이 되어 말해봅시다

장면 1

민지, 민우, David가 음식점에서 음식을 먹는 모습

장면 2

민지, 민우, David, Miss Jane이 인사를 나누는 모습

장면 3

민지, 민우, David가 헤어지는 모습

장면 4

민우가 잠자리에서 잠들기 전 낮에 만났던 Miss, Jane과의 인상적인 만남을 떠올리는 모습

Let's Read 읽어 봅시다

※ 다음 낱말의 뜻을 생각하며 읽어보고 연상되는 그림을 그려 봅시다.

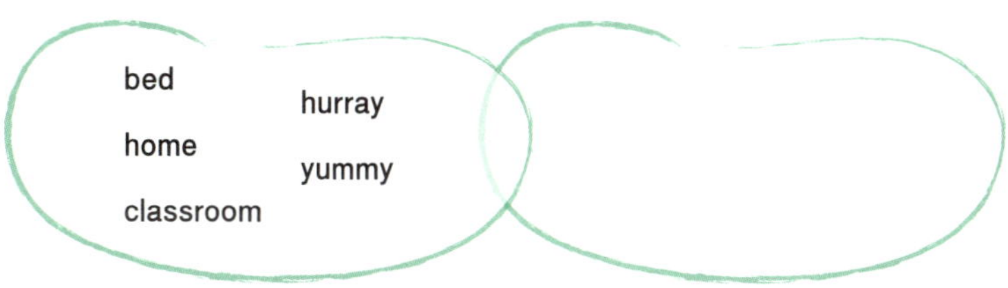

※ 다음 표현의 뜻을 생각하며 자신감 있게 읽어 봅시다.

귀여운 여자개구리와 남자개구리가 만나서 인사하는 장면	귀여운 여자개구리와 남자개구리가 헤어지며 손을 흔들어 인사하는 장면	남자개구리가 귀여운 여자개구리에게 연꽃 다발을 주는 장
Good to see you!	See you later.	Have a nice day!

Let's Speak More 그림 속의 주인공이 되어 말해봅시다

<table>
<tr><td>준비물</td><td colspan="2">CD-ROM</td><td>형태</td><td>소집단별</td></tr>
<tr><td rowspan="4">대화내용</td><td>장면1</td><td colspan="3">방과 후 분식점 앞에서 민지와 민우, David가 대화를 나누고 있다.
Minjee (반갑게) Good to see you.
Minwoo (손을 흔들며) Hi, Minjee!
Daivd (뛰어오며) Hello, friends!
Minjee (분식점으로 들어가며) Let's go.(민우와 David도 따라서 분식점으로 들어간다)
Children (떡볶이를 먹으며) It's yummy.</td></tr>
<tr><td>장면2</td><td colspan="3">Minjee (문을 열고 들어오는 Miss Jane을 바라보며) Nice to see you, Miss Jane.
Miss Jane Nice to see you, too.
Minjee (친구들을 각 각 가리키며) This is my friend, Minwoo and David.
Friends, this is beautiful Miss Jane.
Miss Jane (웃으며) Ha, ha, thanks.
(손을 내밀며) Nice to meet you.
Minwoo David (Miss Jane과 악수를 하며) Nice to meet you, too.
(Miss Jane과 악수를 하며) Nice to meet you, too.</td></tr>
<tr><td>장면3</td><td colspan="3">Minwoo (이야기를 나누다가) What time is it?
David It's 2 o'clock. Minjee, it's time for going home.
(계산을 하고 문을 나서며) See you later.
Minwoo See you. Have a nice day!
David You, too.</td></tr>
<tr><td>장면4</td><td colspan="3">Minwoo It's time for bed. (잠자리에 든다)
Miss Jane (눈을 감고 상상하며) Nice to meet you, Minwoo.
Minwoo (악수를 하며) Nice to meet you, too.
Miss Jane (미소를 지으며) Have a good time!
Minwoo (혼잣말로) Miss Jane…….
(꿈풍선이 사라지며 쑥스러운 듯 행복한 표정으로 이불을 덮는다.</td></tr>
<tr><td>활동방법</td><td colspan="4">① 말풍선에 들어갈 알맞은 표현을 추측해 보도록 한다.
② 화면을 보고 내용을 확인한 후 주요 표현을 반복 연습해 보도록 한다.
③ 그림만 보고 말풍선에 알맞은 표현을 넣어 유창하게 말해 보도록 한다 .</td></tr>
<tr><td>유의사항</td><td colspan="4">학생들의 흥미와 언어적 수준에 따라 개별 지도한다.</td></tr>
</table>

Let's Read 읽어 봅시다

준비물	CD-ROM	형태	개별/짝 활동
사용언어	(1) bed, home, classroom, yummy, hurray (2) Good to see you! See you later. Have a nice day!		
활동방법	① 제시된 낱말과 표현을 자신감 있게 읽어 보도록 한다. ② 창의적으로 낱말의 뜻에서 연상되는 그림을 자유롭게 그려보게 한다. ③ 구두로 익힌 본 단원의 주요 표현을 자연스럽게 읽어 보도록 한다.		

Let's Write 써 봅시다

※ 들려주는 낱말을 쓰고 관련된 그림과 이어봅시다.

(1)

(2)

(3)

F가 몸에 새겨진 즐거운 표정의 춤추는 물고기

떡밥에 N이 새겨져 있고 떡밥을 물어서 기분이 너무 좋은 물고기

소녀 물고기에 G 알파벳이 그려져 있고 소녀 물고기를 보고 행복한 소년 물고기

Let's Write 써 봅시다

준비물	CD, 필기도구	형태	개별
사용언어	(1) Fun (2) Good (3) Nice		
활동방법	① 제시된 읽기 과제를 충분히 잘 살펴보도록 한다. ② 들려주는 표현을 잘 듣고 낱말들을 바른 어순으로 나열하도록 한다. ② 정답을 확인하고 피드백한다.		
유의사항	제시된 문장 부호와 낱말을 순서만 바르게 보고 그대로 옮겨 쓰도록 한다.		

Let's Play(3) '똑똑한 손가락' 놀이를 해 봅시다

[책상 위에서 손가락 인형 놀이를 하는 장면]

학생 1: 왼손에는 손가락 인형을 끼고 오른손으로 책상 위에 그림카드를 뒤집는 모습

학생 2: 학생 1의 카드가 무엇인지 궁금한 표정으로 바라보는 모습

(교과서 뒤에 관련 그림카드와 손가락 띠 인형 제시!)

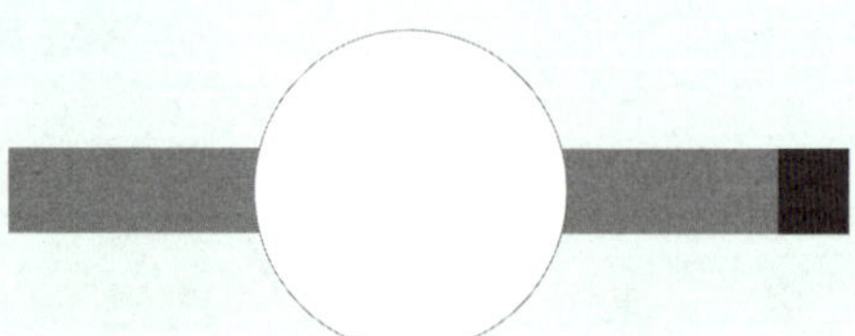

풀칠하는 곳

학생들이 그림을 그려 넣을 수 있도록 동그라미 처리

자가평가

놀이의 규칙을 잘 알고 실천했나요?	상 □	중 □	하 □
놀이에 필요한 영어를 자신감 있게 말할 수 있나요?	상 □	중 □	하 □

Let's Play(3) '똑똑한 손가락' 놀이를 해 봅시다

놀이명	똑똑한 손가락	기능	듣기·말하기	형태	짝 활동
목 표	짝과 함께 손가락 인형놀이를 즐겁게 할 수 있다.				
사용언어	Good to see you. Nice to see you. Have fun. Have a nice day. Have a good time. See you. See you later. See you soon.				
준비물	그림카드, 풀, 가위, 색 사인펜				
활동방법	① 그림카드의 상황에 어울리는 표현을 생각해 보도록 한다. ② 그림카드와 함께 해당되는 표현을 자신감 있게 말해 보도록 한다. 관련된 표현에 사용된 낱말을 써 보도록 한다. ③ 그림카드와 표현을 관련지어 외우도록 한다. ④ 교사와 학생이 게임 방법을 시연해 보인다. - 만날 때와 헤어질 때 카드를 두 세트로 나누어 책상 위에 놓는다. - 가위, 바위, 보를 해서 이긴 사람이 각 세트에서 카드를 한 장씩, 총 2장을 고르게 한다. - 그림에 해당하는 표현을 손가락 인형으로 상대방에게 인사를 한다. 표현에 사용된 한 낱말을 써서 짝에게 보여 준다. - 친구가 낱말을 잘 쓰고 자신감 있게 말했다고 생각하면 카드 2장을 짝에게 준다. - 역할을 공평하게 바꾸어 가며 활동한다.				
유의사항	① 본 활동은 기억 게임(Memory game)과 손가락 인형극을 결합한 형태이다. 따라서 학생들이 그림카드에 해당되는 표현을 기억하는 것이 중요하다는 점을 미리 강조한다. ② 말하기에 더욱 초점을 맞출 수 있도록 관련된 표현의 낱말 쓰기는 중복을 허용한다.				

Let's Role Play 포카혼타스

포카혼타스와 John Rolfe가 결혼하는 장면

자기평가

	상	중	하
역할극의 규칙을 잘 알고 실천했나요?	상	중	하
역할극에 필요한 영어를 자신감 있게 말할 수 있나요?	상	중	하

Let's Review(1) 정리해 봅시다

※ 다음 상황에 어울리는 대화의 번호를 골라 ✓ 표를 하시오.

(1) David와 Miss Jane가 빵집에 밝은 표정으로 만나서 악수로 인사하는 장면　① ② ③ ④

(2) 기차 안의 Chris가 창밖의 Minjee를 보며 손을 흔들며 아쉬운 표정으로 헤어지는 장면　① ② ③ ④

※ 짝과 함께 다음 상황에 어울리는 대화를 하고 칭찬 스티커를 붙이시오.

(1) 재원이가 Miss Jane의 꽃집에 들어오는 장면

(2) 재원이가 Miss Jane의 꽃집에서 꽃을 한 송이 산 후 나가는 장면

나의 말하기 실력은 (　　)입니다.　Excellent ◌　Great ◌　Good ◌

Let's Role Play 역할극을 해 봅시다

<table>
<tr><th>준비물</th><th>CD-ROM</th><th>형태</th><th>소집단별</th></tr>
<tr><td>대화내용</td><td colspan="3">결혼 후 포카혼타스가 영국의 왕을 만나는 장면
John Rolfe (고개를 숙이며) King, this is Pocahontas.
Pocahontas (예의를 갖추어 고개를 숙이며) Hello, king.
King (반갑게 맞이하며) Oh, nice to meet you.
Pocahontas Nice to meet you, too. King, (양손으로 치마를 잡고 무릎을 구부리며) I'm so happy to see you.
King (쑥스러운 듯) Thank you. Do you have a father?
Pocahontas Yes, I do. (가족의 모습을 그린 그림을 보여주며) This is my family. My grandfa, grandma, mother, father, good sister, cute brother and me.
King (감탄하듯 웃으며) Ha, ha, great!
Servant 1,2 King. It's time for lunch.
King See you later. Have a good time.
Pocahontas Thank you very much, king.
John Rolfe Have a good lunch.
King Thanks. Have a great day!</td></tr>
<tr><td>활동방법</td><td colspan="3">① 폰카혼타스 동화를 듣고 영국의 역사와 포카혼타스에 관해 이야기해 보도록 한다.
http://jr.naver.com/english/view.php?id=donghwa&cid1=3&nid=3&page=10&od=id (쥬니어 네이버)
② 주요 표현을 익히고, 대본을 큰 소리로 읽어 보도록 한다.
③ 감정과 느낌을 살려 알맞은 동작과 함께 역할극을 해 본다.</td></tr>
<tr><td>유의사항</td><td colspan="3">왜곡된 역사관을 갖지 않도록 중립적인 입장에서 영국의 역사에 관해 간단히 안내하고 언어적 역할극 활동에 더욱 초점을 맞춘다.</td></tr>
</table>

Let's Review(1) 정리해 봅시다

<table>
<tr><td>준비물</td><td>듣기</td><td>형태</td><td>개별</td><td>정답</td><td>②, ③</td></tr>
<tr><td>대화내용</td><td colspan="2">(1)
① Miss Jane: See you soon.
David: Have fun.
② Miss Jane: Good to see you.
David: Good to see you, too.
③ Miss Jane: Good bye.
David: Good bye.
④ Miss Jane: Have a nice day.
David: See you later.</td><td colspan="3">(2)
① Chris: Nice to meet you.
Minjee: Nice to meet you, too.
② Chris: Good to see you.
Minjee: Good to see you, too.
③ Chris: See you later.
Minjee: See you soon.
④ Chris: Nice to see you.
Minjee: Nice to see you, too.</td></tr>
<tr><td>평가기능</td><td>말하기</td><td>형태</td><td>짝 활동</td><td>준비물</td><td>칭찬스티커</td></tr>
<tr><td rowspan="3">평가기준
(criteria)</td><td>상</td><td colspan="4">상황에 맞게 상대방과 자연스럽게 인사를 나눌 수 있다.</td></tr>
<tr><td>중</td><td colspan="4">상황에 맞게 상대방과 인사를 나눌 수는 있지만 자연스럽지 못하다.</td></tr>
<tr><td>하</td><td colspan="4">상황에 맞게 상대방과 인사를 나누지 못한다.</td></tr>
</table>

Let's Review(2) 정리해 봅시다

※ 다음 두 사람의 대화를 완성하고 자신감 있게 읽어 보시오.

봄 정경의 수목원에서 재원이와 민지가 반갑게 만나서 인사하는 모습

(1) 재원: Good (_____) (s_____) you!
민지: Good (_____) (s_____) you, (t_____).

민우와 인사를 하고 민지가 도서관을 나가는 모습

(2) 민지: (H_____) (_____) nice day!
민우: (H_____) (f_____).

• 나의 읽기·쓰기 실력은 (   )입니다.

Let's Review(2) 정리해 봅시다

평가기능	읽기·쓰기	형태	전체	정답	(1) to, see, to see, too (2) Have, a, Have, fun
활동방법	① 그림에 어울리는 표현을 생각해 보도록 한다. ② 철자에 유의하며 문장을 완성하도록 한다.				
유의사항	모두 정확한 낱말의 철자를 써 넣어야 정답 처리한다.				

Catch Up

〈봄 꽃 위에서 꿀벌과 나비가 앉아 인사하는 모습〉

벌과 나비는 인간처럼 귀엽게 캐릭터화 된 모습

Jump Up

〈성에 갇혀 있는 공주를 구하기 위해 험한 성벽의 줄사다리를 타는 모습〉

사다리 그림이 매우 중요하므로 크게 부곽! 아이들이 실제 말을 놓아가며 위로 전진해갈 수 있는 작은 놀이판으로 그려야함.

Catch Up 따라 잡아 봅시다

놀이명	꿀벌과 나비	기능	듣기·말하기	형태	짝 활동
목 표	만났을 때와 헤어질 때의 기본적인 인사를 할 수 있다.				
사용언어	Good to see you. Have a nice day. See you. See you later. See you soon.				
준비물	꿀벌과 나비 손가락 띠 인형				
활동방법	① 활동 목적과 내용, 방법, 보상물이 무엇인지 안내한다. ② 꿀벌과 나비 역할을 가위 바위 보를 해서 정하도록 한다. ③ 꿀벌과 나비 손가락 인형을 오려서 손가락에 끼우도록 한다. ④ 서로 역할을 바꾸어가며 만났을 때의 인사와 헤어질 때의 인사를 하도록 한다.				
유의사항	손가락 인형을 만드는 과정도 중요한 교수학습 과정으로 교사는 영어를 사용하여 구체적으로 안내하며 손가락 인형을 만들도록 한다.				

Jump Up 뛰어 넘어 봅시다

놀이명	공주 구하기	기능	듣기·말하기	형태	소집단별
목 표	만났을 때와 헤어질 때의 다양한 인사를 할 수 있다.				
사용언어	Good to see you. Nice to see you. Nice to meet you. Have fun. Have a nice day. Have a good time. See you. See you later. See you soon.				
준비물	상황 그림카드, 말				
활동방법	① 놀이 규칙을 시연해 보이고, 질문이 없는지 확인한다. ② 가위, 바위, 보를 해서 순서를 정하도록 한다. ③ 그림 카드를 골라 상황에 맞게 말하면 교과서 그림의 사다리에서 한 칸 앞으로 전진한다. ④ 먼저 공주가 있는 방에 도착하면 공주를 구하고, 승리한다.				
유의사항	교사의 시연을 통해 놀이 방법을 정확히 이해시킨다.				

Culture Tips 문화 이야기

1. 모르는 사람을 처음 만났을 때의 인사 표현

사람을 처음 만나면 가족관계, 일, 학교, 음악 그리고 운동 등에 관한 이야기를 많이 합니다. 나이, 몸무게, 수입, 결혼 여부와 같은 내용들은 매우 개인적이거나 때로는 예의바르지 못한 질문이 되므로 피하는 것이 좋습니다.

가족, 일, 학교, 음악, 운동 그림 풍선
외국아이와 우리나라 아이가
즐거운 표정으로 대화를 나누는 모습

나이, 몸무게, 돈, 결혼, 그림 풍선
외국아이가 기분 나쁜 표정으로 대화를
나누는 모습. 우리나라 아이만 즐거움.

2. 우리나라와 서양의 인사 예절 비교

우리나라와 서양에서 인사를 할 때 상대방을 존중하고 반갑게 인사하려는 마음가짐은 똑같습니다. 그러나 인사의 방법은 다소 차이가 납니다. 서양인들은 어른과 악수를 할 때 고개를 숙이거나 두 손을 사용하지 않고 한 손으로만 악수를 합니다. 남성과 여성이 악수를 할 때는 보통 남성이 먼저 손을 내밀지 않는 것이 예의라고 할 수 있습니다. 그러나 요즘은 남녀평등 원칙에 따라 호의를 가진 측이 먼저 손을 내밀기도 합니다. 또한 먼 거리에서 인사를 할 경우에는 서로 손을 들어 인사를 하며 친근한 사이나 오랜만에 만났을 경우에는 볼을 살짝 맞대거나 가볍게 포옹을 하기도 합니다. 다른 인사법으로 손바닥을 마주치고 팔꿈치 등을 다정하게 부딪히는 모습도 볼 수 있습니다.

우리나라 사람들이
고개 숙여 정중히
인사를 모습

할머니 할아버지께
손자 손녀가 절하는
모습

서양인들이
악수하는 모습

여자 어른과 여자
아이가 살짝
포옹하는 모습

남자 아이들이
하이파이브를
하는 모습

Culture Tips 문화 이야기

준비물	CD-ROM	형태	전체
지도 내용	1. 모르는 사람을 처음 만났을 때의 예의바른 인사법 알기 2. 우리나라와 서양의 인사 예절 비교하기		
활동 방법	① 편안한 분위기를 조성한다. ② 주제별로 학생들의 생각하는 문화에 대한 생각을 자유롭게 발표시킨다. ③ 문화 예절에 맞지 않는 경우 VS 문화 예절에 맞는 상황극을 간단히 해보고 문화적 차이와 공통점을 자연스럽게 비교, 이해시킨다. ④ CD 동영상을 본 후 궁금한 점을 질문하도록 한다.		
유의사항	단순한 문화 지식 전달이나 지루한 강의나 설명이 되지 않도록 유념하며 즐겁게, 편안한 분위기에서 문화를 지도한다.		

5-2 Wow, It's Friday.

<table>
<tr><td rowspan="4">단원 목표</td><td>듣기</td><td colspan="3">요일과 약속을 제안하는 표현을 듣고 이해한다.</td></tr>
<tr><td>말하기</td><td colspan="3">요일을 묻고 답하며 상대방에게 약속을 제안한다.</td></tr>
<tr><td>읽기</td><td colspan="3">요일에 관한 낱말의 뜻을 이해하며 읽는다.</td></tr>
<tr><td>쓰기</td><td colspan="3">구두로 익힌 낱말을 알파벳 대·소문자를 구별하여 쓴다.</td></tr>
<tr><td>구 분</td><td>1차시</td><td>2차시</td><td>3차시</td><td>4차시</td></tr>
<tr><td rowspan="2">학습단계
및
학습활동</td><td>-Look and Listen(1)</td><td>- Look and Listen(2)
- Listen and Speak(2)</td><td>- Let's Speak More
- Let's Read</td><td>-Make a Project
-Let's Review(1)</td></tr>
<tr><td>-Listen and Speak(1)
-Let's Play(1)</td><td>-Let's Chant
-Let's Play(2)</td><td>-Let's Write
-Let's Play(3)</td><td>-Let's Review(2)
-Catch Up
-Jump Up
-Culture Tips</td></tr>
<tr><td>의사소통기능</td><td colspan="4">1. 정보 묻기 What day is it today?
2. 정보 묻기에 답하기 It's Friday.
3.약속 제안하기 What about Sunday?</td></tr>
<tr><td>언어형식</td><td colspan="4">What day is it today?
It's ________.
What about ________?</td></tr>
<tr><td>어휘(9개)</td><td colspan="4">library, say, earth, test, card, from, party, study, park</td></tr>
</table>

Wow, It's Friday.

Look and Listen(1) 그림을 보면서 노래를 들어 봅시다

[장면] 학교가 가기 싫어 꾀병을 부리고 있는 재원이의 방 안

재원이 방의 벽에 빨간색으로 4월 6일, 일요일만 크게 써져 있는 달력이 있고
달력을 손으로 가리키며 재원이가 안됐다는 표정의 아빠 모습
재원이가 어쩔 수 없이 침대에 누워 이불을 뒤집어쓰고
눈만 놀라서 동그랗게 뜨고 의아하다는 듯 달력을 쳐다보고 있다.

· 달력과 아빠, 재원이의 표정이 매우 중요!
크게, 분명하게!

단원안내

- 상황에 맞게 요일을 묻고 답할 수 있다.
- 상대방에게 약속을 제안하는 말을 할 수 있다.

Look and Listen(1) 그림을 보면서 들어 봅시다

<table>
<tr><th>준비물</th><th>CD-ROM</th><th>형태</th><th>전체</th></tr>
<tr><td>대화내용</td><td colspan="3">재원이가 침대에서 이불을 푹 덮고 있고, 아빠가 문을 열고 들어오신다.
Jaewon (콜록 콜록 기침을 하고 있다)
Dad Good morning, Jaewon. It's time to get up. It's 7 o'clock.
Jaewon (이불을 푹 덮고) Umm…….
(힘 없는 목소리로) Dad, I'm very sick.
Dad Let's see. (재원이의 이마를 만져 보신다)
Jaewon (이불 속으로 쏙 들어가며) It's too cold.
Dad (재원이의 거짓말을 눈치 채시고) Oh, Jaewon.
You're too sick on Sunday.
Jaewon (믿기지 않는다는 듯) Sunday? What day is it today?
Dad It's Sunday.
Jaewon (달력을 가리키며) Dad, look at that. Isn't it Monday?
Dad (지난 달력을 뜯어내며) No, it's Sunday.
(월요일이었던 달력이 한 장씩 넘어가 일요일을 나타낸다)
(나오는 웃음을 겨우 참으시며) What about bed? Don't get up, please.
(이 때 재원이의 엄마와 여동생이 외출복 차림으로 재원이 방으로 들어온다)
Jina (반갑게 문을 열고 들어오며) Brother, are you sleeping? Let's go outside.
Dad (지나에게 쉿! 조용히 하라는 동작을 하며) Jina, Jaewon is very very sick..
(재원이 엄마와 지나를 데리고 나가며) Let's go out.
Mom (아빠와 눈이 마주친 후 엄마도 재원이의 거짓말을 눈치 채신다)
(미소를 지으며) Don't worry, Jaewon.
Jina (가족들이 문을 닫고 나가며) Sorry. Be careful.
Jaewon Sunday! (속상한 표정으로 이불을 얼굴까지 푹 덮는다)
(혼잣말로) I am really sick.</td></tr>
<tr><td>활동방법</td><td colspan="3">① 교과서 그림을 보고 전반적인 내용과 표현을 생각해 보도록 한다.
② 화면은 보지 않고 대화만 듣고 내용을 탐색해보게 한다.
③ 화면을 보면서 대화를 들으며 정확하게 내용을 파악하도록 한다.</td></tr>
<tr><td>유의사항</td><td colspan="3">듣기 전 활동으로 학교에 가기 싫었던 날이 있었는지 자신의 경험을 이야기해 본다.</td></tr>
</table>

Listen and Speak(1) 듣고 말해 봅시다

장면 1	장면 2
여러 가지 전통 악기들이 있는 음악실에서 전통 방석 위에 앉아 우리나라와 외국 아이들이 장구를 치고 있다. 잠시 대화를 나누고 있는 민지와 Chris 1) 장구의 굿거리 장단소리가 나도록 처리 2) Chris: 영국식 발음	다민족의 아이들이 파티 초대장을 만들고 있는 미술실 안에서 민우와 David가 '초대장'을 만들면서 대화를 나누는 모습 파티 초대장에 1) 장소(at Fine APT. 12-504)와 2) 시간(at 2p.m.)은 쓰여 있으나 3) 요일은 빈칸!

Let's Play(1) '요일박수' 놀이를 해 봅시다

[page 1]	[page 2]	[page 3]	[page 4]	[page 5]
(배추 잎에 붙은 알들에서 아주 작고 귀여운 5마리의 애벌레들이 나온다. 기지개를 펴며 햇님에게 인사한다) Good Morning! It's a nice day.	(이제는 조금 더 큰 애벌레들이 함께 배추 잎 위에서 야구를 하고 있다) They played baseball on Monday.	(어제 보다 더 커진 애벌레들이 함께 배추 잎 위에서 무지개 색깔의 고리들을 가지고 놀고 있다.) They played with rings on Tuesday afternoon.	(더욱 커진 애벌레들이 함께 배추 잎 위에서 공놀이를 한다) They played with balls on Wednesday.	(어제 보다 더욱 커진 애벌레들이 함께 배추 잎 위에서 농구를 한다) They played basketball on Thursday.
[page 6]	**[page 7]**	**[page 9]**	**[page 10]**	**[page 10]**
(어제 보다 더 커진 애벌레들이 함께 배추 잎 위에서 축구를 한다) On Friday, they played soccer.	(뒤뚱뒤뚱 너무 커진 애벌레들이 이젠 배춧 잎에 번데기를 만들어 각 자 그 속으로 들어 간다) They went into a nice house on Saturday.	(시간이 흐름을 달력의 그려놓은 동그라미가 움직이는 것으로 보여준다) Sunday, Monday, Tuesday, Wednesday, Thursday, Friday, Saturday, Sunday, Monday, Tuesday, Wednesday, Thursday, Friday, Saturday	(번데기가 움직이며 배추 흰나비가 조금씩 나오기 시작해 한 순간에 5마리의 나비가 활짝 날아오른다) At last, beautiful butterflies are dancing. Wonderful Sunday!	봄의 아름다운 꽃들 위로 배추 흰나비들이 환상적인 분위기 속에서 날아다닌다. 멋진 배경과 채색, 입체적 움직임이 핵심! Wow, it's very nice!

자기평가

놀이의 규칙을 잘 알고 실천했나요?	상 ☐	중 ☐	하 ☐
놀이에 필요한 영어를 자신감 있게 말할 수 있나요?	상 ☐	중 ☐	하 ☐

<table>
<tr><td>준비물</td><td>CD-ROM</td><td>형태</td><td>전체</td></tr>
<tr><td>대화내용</td><td colspan="3">〔장면 1〕
Minjee (장구 치기를 잠깐 멈추고 Chris를 보며)
Chris, let's go to the library this Thursday.
Chris (잠시 생각에 잠기며) Umm, what day is it today?
Minjee It's Tuesday.
Chris (미안해하며) Sorry, I can't.
(시험을 떠 올리며 난처한 표정으로) I have a test on Friday.
Minjee Oh, that's too bad. Good luck!
Well, what about Saturday?
Chris (밝은 표정으로) Very good. Thank you for saying that.
Minjee (미소를 지으며) You're welcome.

〔장면 2〕
Minwoo (파티 초대장의 요일을 가리키며) What about Monday?
David (월요일이 6교시인 시간표를 떠올리며)
Umm, we have 6 classes on Monday.
What about Tuesday?
Minwoo (피아노 치는 장면을 떠올리며)
Sorry. I have a piano class on Tuesday.
David (미소를 지으며) What about Wednesday?
Minwoo Very good. (초대장에 수요일을 쓰며) W, e, d, n, e, s, d, a, y!
David (파티 초대장을 들어올리며) Wow, It's a nice party card.
Minwoo (박수를 치며) Yes! It's great.</td></tr>
<tr><td>활동방법</td><td colspan="3">① 전체적인 내용과 주요 표현을 추측해 보도록 한다.
② 내용을 정확하게 파악하고 주요 표현을 따라서 말해 보도록 한다.
③ 내용을 이해하며 자신감 있는 태도로 말하도록 한다.</td></tr>
<tr><td>발음지도</td><td colspan="3">Thursday와 Tuesday에서 〔th〕와 〔t〕 발음 방법과 차이를 지도한다.</td></tr>
<tr><td>언어형식</td><td colspan="3">It's 요일명사.(O) It's a 요일명사.(X)를 비교하며 바른 표현 방법을 지도한다.</td></tr>
<tr><td>유의사항</td><td colspan="3">말을 할 때 대화의 주제와 내용을 정확하게 이해하며 대화하는지 면밀히 점검한다.</td></tr>
</table>

Let's Play(1) '요일박수' 놀이를 해 봅시다

놀이명	요일박수	기능	듣기·말하기	형태	전체
목 표	요일을 나타내는 낱말을 말할 수 있다.				
사용언어	Monday, Tuesday, Wednesday, Thursday, Friday, Saturday, Sunday				
준비물	영어 CD (e-Book)				
활동방법	① 동화의 첫 화면을 보고 이야기의 내용을 추측해 보도록 한다. ② 내용 파악을 해 보고 '요일' 낱말에 박수 두 번을 빠르게 치는 연습을 해 본다. ③ 동화를 들으면서 '요일' 낱말이 들리면 박수 두 번을 치고 말하도록 한다. ④ '박수 빨리 치기' 이외에 학생들과 협의하여 다른 동작으로도 놀이를 해 본다.				

Look and Listen(2) 그림을 보면서 들어 봅시다

[장면] 천왕성 우주인들이 지구에 대해 배우는 첨단 교실 안

첨단 칠판에는 지구(Days of the Earth!)라고 크게 써져 있다.
남자 선생님 우주인과 학생 우주인들이 수업하고 있다.

학생 우주인들은 제각기 서로 다른 모습이지만
모두 귀엽고 친근감이 가는 인상이다.
학생 우주인들 앞에는 모두 손에 작은 핸드폰 크기의 컴퓨터를 쥐고 있다.

1) 첨단 칠판에 Days of the Earth! 라고 크게, 꽉 차게 써 있고 앞으로 입체적으로 클로즈업 되도록 처리
2) 천왕성을 실제 모습으로 제시해 준다.

Look and Listen(2) 그림을 보면서 들어 봅시다

준비물	CD-ROM	형태	전체
대화내용	천왕성의 우주인들이 지구의 요일에 대해 공부하고 있다. Teacher spaceman (자동문이 열리고 순간 이동하여) Hello, class. How are you? All Students (큰 눈을 깜박이며 인사한다) We're fine. Thanks. How about you? Teacher spaceman Very good. What day is it today? All Students It's Friday! Teacher spaceman Good. Now, let's study 'Days of the Earth'. What day is it today from the Earth? Student spaceman1 (컴퓨터를 들여다보며 어려운 문제라는 듯) The Earth……. Student spaceman2 (자신 있게 손을 들고) It's Monday. Teacher spaceman (고개를 돌리며) No! Student spaceman3 (자신이 없는 목소리로 손 안에 컴퓨터를 본 후) Is it Tuesday? Teacher spaceman No, it isn't. (걱정스러운 듯한 목소리로) Umm……. Student spaceman4 (Thursday라고 써진 컴퓨터 화면을 날아가 보여주며) Today is Thursday. Teacher spaceman (한심하다는 듯) No, No! (자신감 있게 앞으로 나서며) What day is it today from the Earth? All Students (고개를 푹 숙이고 아무런 말을 하지 못하면 눈치만 살핀다) Teacher spaceman (자신감 있는 표정으로 학생들에게 다가서며) It's Saturday! All Students (감탄하여 박수를 치며) Wow. ('삐리삐리 삐리삐리' 수업을 마치는 신호가 들린다) Teacher spaceman Time's up. See you. All Students See you soon. 학생 우주인들이 인사를 하고 교실 밖으로 나가자 교실 여기저기를 날아다니며 정말 아무도 없는지 다시 한 번 더 확인을 한다. 잠시 후, 컴퓨터로 민우를 연결한다. Teacher spaceman (걱정스러운 목소리로) Hello, Minwoo. Minwoo (민우의 얼굴이 컴퓨터 화면에 나타난다) Hello, BoBiBoBa! Teacher spaceman What day is it today from the Earth? (당연한 사실이라는 듯) It's Thursday. Teacher spaceman (깜짝 놀라며) What? Thursday! (부끄러워서 교탁 속으로 숨으며) Oops!		

활동방법	① 그림을 보고 전체적인 내용과 주요 표현을 생각해 보도록 한다. ② 영상 없이 대화만 들어본 후 내용 파악을 위한 핵심적인 질문에 답해 보도록 한다. ③ 영상과 소리를 함께 들어 보며 정확한 내용을 이해하도록 한다.
유의사항	요일에 관해 묻고 답하는 표현에 초점을 맞추어 지도한다.

Listen and Speak(2) 듣고 말해 봅시다

장면 1

재원이와 Chris가 체스를 두다가 대화를 나누는 모습

장면(1)

서양의 체스를 둔다.

장면(2)

이야기를 나눈다.

장면(3)

재원이의 웃음소리와 함께 Chris 위로 April Fools' Day라는 글자들이 점점 크게 나타나 화면을 가득 메운다.

대화의 내용에 따라 이 세 장면이 자연스럽게 연결되도록 동영상 제작

장면 2

2008년 전통 농악 장면이 그려져 있는 새해 달력을 같이 보여 이야기를 나누는 민지와 David

1. David가 민지를 좋아해서 꽃다발을 주려고 하는 줄 알고 착각해 부끄러워하는 민지의 표정 묘사 중요!
2. 이와 대비되게 착각은 달콤했으나 땀을 뻘뻘 흘리며 나무를 심는 민지 모습의 대비가 중요
3. 'Tree-Planting Day'라는 글자가 점점 크게 나타나도록 클로즈업 처리

Listen and Speak(2) 듣고 말해 봅시다

준비물	CD-ROM	형태	전체
대화내용	〔장면1〕 Jaewon (체스를 두다가 Chris를 바라보며) What day is it today? Chris It's Tuesday. Jaewon (당황한 표정으로) Tuesday? Oh, today's Minwoo's birthday. Chris Really? Jaewon Let's go to see Minwoo now. Chris Yes! (허겁지겁 체스를 정리하려고 한다) Jaewon (큰 소리로 웃는다) Ha, ha, ha. Chris (왜 재원이가 웃는지 이해가 않 된다는 표정을 짓는다) Jaewon (달력의 4월 1일 만우절을 가리키며) Look at that! Chris Oops, Jaewon! (재원이가 도망가고 Chris가 뒤를 쫓는다) 재원이의 웃음소리와 함께 'April Fools' Day'라는 글이 점점 크게 화면을 가득 메운다. 〔장면2〕 David Minjee, let's meet at the park on Friday. Minjee Friday? (생각을 좀 해봐야한다는 듯) Well, what day is it today? David It's Wednesday. Minjee (머뭇거리며) Sorry, I ……. David What about Saturday? Minjee (David가 민지에게 꽃다발을 주는 장면을 상상하며 얼굴이 빨개지며) Sure. David Very good. Thank you. 장면이 바뀌어 산에서 어른들과 함께 민지, 재원, 민우, Chris David가 땀을 뻘뻘 흘리며 나무를 심고 있다. David (민지가 심은 나무를 보며) Wow, good job! Minjee Thanks. (엉뚱한 상상을 했던 자신이 쑥스러워 어색한 미소를 짓는다. 민지의 머리 위로 'Tree-Planting Day'라는 글자가 점점 크게 나타난다)		

활동방법	① 내용을 정확하게 이해하며 표현을 따라서 말해 보도록 한다. ② 표현을 반복해서 연습해본 후 화면만 보고 립싱크(lip-synch)를 해보게 한다. ③ 화면을 보지 않고 등장인물들처럼 짝과 함께 자연스럽게 대화해 보도록 한다.
발음지도	What day is it today?에서 자연스러운 낱말을 이어서 발음하도록 격려한다.
언어형식	What about+명사(형)? 이라는 점을 지도한다.
유의사항	What about 명사(형)?이 상대방에게 포괄적인 내용이 아닌 구체적인 내용의 약속을 제안할 때 쓰는 표현이라는 점을 지도한다.

Let's Sing 다함께 노래해 봅시다

준비물	CD-ROM	형태	전체 → 소집단별
가사	Hurry! 만세 동작 Sunday-머리 Saturday-귀 Friday-어깨 Thursday-겨드랑이 Wednesday-허리 Tuesday-무릎 Monday-발등 후리후리 훕훕훕 후리후리 훕훕훕		
활동방법	① CD를 보면서 동작을 따라해 보도록 한다. ② 동작을 하면서 즐겁게 챈트를 불러 보도록 한다. ③ 가사와 동작을 학생들이 창의적으로 바꾸어서 다시 불러 보게 한다.		

Let's Play(2) '단추튕기기' 놀이를 해 봅시다

[장면] 아래 판을 책상위에 놓고 단추를 튕기며 '알까기' 놀이를 하는 남여 아이 두 명

단추를 튕기는 여자 아이

Saturday	Tuesday	Sunday	Thursday	Wednesday	Tuesday	Wednesday
Monday	Saturday	Wednesday	Monday	Tuesday	Monday	Sunday
Friday	Thursday	Friday	Thursday	Friday	Saturday	Sunday
Saturday	Friday	Wednesday	Thursday	Monday	Saturday	Tuesday
Monday	Friday	Sunday	Thursday	Tuesday	Saturday	Sunday
Thursday	Sunday	Wednesday	Tuesday	Friday	Monday	Wednesday

단추를 튕기는 남자 아이

자가평가

놀이의 규칙을 잘 알고 실천했나요?	상 □	중 □	하 □
놀이에 필요한 영어를 자신감 있게 말할 수 있나요?	상 □	중 □	하 □

Let's Play(2) '단추튕기기' 놀이를 해 봅시다

놀이명	단추튕기기	기능	듣기·말하기	형태	짝활동
목 표	놀이에 필요한 요일에 관한 표현과 약속을 제안하는 말을 할 수 있다.				
사용언어	What day is it today? It's ______________.				
준비물	놀이판, 단추 중간 크기 1개				
활동방법	① 가위, 바위, 보를 하여 순서를 정한다. ② 이긴 사람이 먼저 단추를 튕긴다. ③ 진 사람이 질문을 한다. - What day is it today? ④ 단추가 가장 많이 차지한 부분의 낱말을 활용하여 요일을 답한다. - It's ______________. ⑤ 대답을 잘 했으면 1점을 얻는다. ⑥ 순서를 바꾸어 가며 놀이를 한다. 가장 높은 점수를 얻은 사람이 이긴다. - 단추를 튕겨 상대편의 단추가 밖으로 나가면 보너스 점수 3점을 얻는다. - 단추가 놀이판을 벗어나면 오히려 5점을 잃게 된다.				
유의사항	① 교실 상황에 따라 놀이를 재구성하여 적용한다. ② 학생들과 협의하며 놀이의 규칙을 정하면 학생들의 참여도를 더욱 높일 수 있다. ③ 놀이가 유의미한 학습으로 이어지도록 반드시 영어로 질문하고 답하도록 한다. ④ 단추를 세게 튕겨서 단추가 날아가 학생들이 다치는 일이 없도록 한다.				

Let's Speak More 그림 속의 주인공이 되어 말해봅시다

장면 1

재원이가 지우개를 던지는 모습

공부 시간에 장난스런 얼굴로 아이들에게 지우개를 휙 던지고, 지우개를 맞은 흑인 아이 Eric이 두리번거리고 있다. 다른 아이들은 기분 나쁜 표정으로 재원이를 바라보고 있다.

Eric: 외모-흑인 아이, 발음-미국 표준 발음

장면 2

재원이가 아이들의 반찬을 빼앗아 먹는 모습

점심시간에 덩치가 큰 재원이가 여러명의 아이들의 반찬을 빼앗아 먹고, 다른 아이들은 속상해 하는 모습

장면 13

재원이가 달력에 빨간색으로
여러번 동그라미를 치는 모습

1) 재원이가 교실 옆 벽에 걸려 있는 4월 11일 Friday라고만 크게 써서 있는 달력에 빨간색으로 여러 번 동그라미를 치며 자신의 생일이라고 아이들을 초대하는 모습
2) 'It's Friday'라는 표현이 크게 클로즈업 되어 화면을 가득 채운다.

장면 4

재원이가 집 앞에서 웅크리고 앉아
슬픈 표정으로 땅에 나뭇가지로 글씨를 쓰는 모습

1) 집 앞에서 아이들을 기다리다가 지친 재원이가 생일 모자와 멋진 가운을 걸치고 있지만, 웅크리고 앉아 땅에 나뭇가지로 글씨를 쓰며, 표정은 너무 슬프다.
2) 시간이 흐름을 시계 바늘이 움직이는 것으로 표현한 장면
3) 흑인 아이 Eric이 선물을 가지고 와서 재원이와 대화를 나누는 모습
4) 행복한 표정의 재원이가 반 아이들의 물건도 들어주고, 의자도 옮겨 준다. 아이들도 그런 재원이에게 고마워한다.
5) 반 아이들과 재원이가 모두 어우러져 함께 즐거운 표정으로 축구하는 모습

Let's Speak More 그림 속의 주인공이 되어 말해봅시다

준비물	CD-ROM	형태	소집단별
대화내용	장면1	Teacher	What day is it today?
		Students	It's Tuesday.
		Teacher	Good job! (뒤돌아서서 칠판에 판서를 하시다)
		Jaewon	(지우개를 휙 Eric에게 던지며 혼잣말로) It's nice.
		Eric	(지우개를 맞고 머리를 긁적이며 두리번거린다) Ouch!
		Jaewon	(억지로 웃음을 찾으며) Wow, it's very fun.
	장면2	Teacher	(밝은 표정으로) It's time for lunch.
		Students	(아이들이 모두 기뻐하며 도시락을 꺼내며) Hurry!
		Teacher	(교실을 나가시며) Have a good lunch.
		Jaewon	(배고픈 동작을 하며) Umm, I'm so hungry. What's this? It looks great.
		Student 1	(난처해하며) Well...Jaewon(아이들의 반찬을 허락도 받지 않고 빼앗아 먹으며) I like Wednesday. I like lunch time very much.
	장면3	Jaewon	(달력을 몇 장 넘긴 후) Look at this! What day is it?
		Student 2	It's Friday. JaewonGood! It's my birthday. (금요일에 빨간색으로 동그라미를 여러 번 그린다) Let's have a birthday party. (신이 난 목소리로) Friday is my birthday! (아이들은 무관심한 표정이지만 재원이는 눈치채지 못한다)
	장면4	Jaewon	(생일 모자에 멋진 옷을 입고 집 앞에 서서) Wow, it's Friday. (재원이는 기다리고 기다리지만 아이들은 아무도 오지 않는다. 30분이 지나서야 Eric이 선물을 가지고 온다)
		Eric	(선물을 건네주며) Happy birthday, Jeawon!
		Jaewon	(고마워하며) Oh, thank you very much.(아무도 오지 않아 슬픈 재원이의 눈물을 닦아주며) Don't be sad. You're my friend. (둘은 서로 따뜻하게 안아 준다)
			재원이가 반 아이들의 무거운 짐도 들어주고 어려운 일을 도와주는 모습들이 화면을 가득 채운다.
활동방법	① 그림을 보며 이야기의 내용을 추측해 보도록 한다. ② 화면을 보지 않고 대화만 듣고 내용을 탐색해 본 후 내용을 확인한다. ③ 표현을 반복 연습해보고 말풍선에 들어갈 알맞은 말을 넣어 대화해 보게 한다. ④ 이야기의 내용과 비슷한 경험이 있는지 이야기 해보고 친구들과의 바른 행동에 대해서 발표해 보도록 한다.		
유의사항	영어 학습과 인성 교육을 연계하여 지도한다.		

Let's Read 읽어 봅시다

※ 다음의 점들을 이어봅시다. 4월의 어떤 별자리가 될까요?

1) 왼쪽의 별자리에서 점 17개를 찍고 10개의 점은 연결해 놓는다.

2) 척추에 해당하는 부분 7개의 점은 연결하지 않고 점만 찍고 그 위에 영어로 요일을 순서대로 써 놓는다.

Monday, Tuesday, Wednesday, Thursday, Friday, Saturday, Sunday

3) 요일은 순서대로 정확하게 연결하면 사자자리가 되도록 한다.

※ CD에는 별자리 완성 후 사자형상이 overlap되도록 애니메이션 처리해준다.

※ 다음 낱말을 선으로 잇고 읽어 봅시다.

Let's Write 써 봅시다

※ 다음 빈 칸에 알맞은 낱말을 써 넣어봅시다.

4월에 만발하는 벚꽃나무에서 벚꽃의 꽃잎이 흩날리는 모습, 벚꽃 위에 아래와 같은 낱말들이 쓰여 있다.

What How Day date Froday Dad Who

how Fliday Fiday Do who Frday

재원 얼굴 ________ is it today?

민우 얼굴 It's ________

민지 얼굴 ________ about Tuesday?

※ 다음 낱말을 완성하여 봅시다.

M___nday, Tu___sday, We___nesday,

Thur___day, Fr___day, S___turday, S___nday

Let's Read 읽어 봅시다

준비물	CD-ROM, 교과서, 필기도구, 봄철 별자리	형태	개별
사용언어	Monday, Tuesday, Wednesday, Thursday, Friday, Saturday, Sunday		
활동방법	① 봄철의 별자리에 관해 발표해 보도록 한다. ② 점을 선으로 이어 '사자자리(Leo)'를 완성하고 제시된 요일에 관한 낱말들을 읽어보도록 한다. ③ 선긋기를 통해 요일을 나타내는 낱말 조각을 완성한 후 자신감 있는 태도로 낱말을 읽어 보도록 한다.		

Let's Write 써 봅시다

준비물	CD-ROM, 교과서, 필기도구	형태	개별
사용언어	What day is it today? It's Friday. What about Tuesday?		
활동방법	① 과제 유형에 익숙하지 않아 오답을 쓰지 않도록 제시된 내용을 자세히 살펴보게 한다. ② 빈 칸에 알맞은 어구와 낱말, 알파벳 써 넣도록 한다. ③ 학생들이 쓴 내용을 점검해보고 피드백 해 준다.		

Let's Play(3) '비밀번호2008' 놀이를 해 봅시다

[장면] 소집단별로 색종이에 4명의 아이들이 열심히 문장을 쓰는 모습

한 아이는 서서 자신이 선생님께 들은 문장을 팀원들에게 말해 주고 있다

손에 표현카드를 들고 선생님은 이 모습을 흐뭇하게 바라보고 계신다.

표현 제시 카드와 활동지를 교과서 뒤 자료란에 제시해 주세요.

Let's Play(3) '비밀번호 2008' 놀이를 해 봅시다

놀이명	비밀번호 2008	기능	듣기·말하기·읽기·쓰기	형태	소집단별
목 표	요일에 관한 다양한 표현을 읽고 친구들에게 분명하게 말할 수 있다. 친구가 전달해주는 표현을 정확하게 쓸 수 있다.				
사용언어	What day is it? What day is it today? What day is my birthday? It's Monday. It's Tuesday. It's Wednesday. It's Thursday. What about Friday? What about Saturday? What about Sunday?				
준비물	표현 제시 카드, 색종이, 사인펜				
활동방법	① 소집단을 조직하여 리더를 학생들이 선정하도록 한다. ② 활동지를 나누어 주고 내용을 살펴보도록 한다. ③ 놀이의 방법을 시연해보이고 질문이 없는지 확인한다. - 각 팀의 리더에게 귓속말로 한 문장을 말해 준다. - 'Start' 신호와 함께 각 팀의 리더들은 팀원들에게 걸어가 들은 문장을 말한다. - 팀원들은 서로 협력하여 친구에게 들은 대로 문장의 빈칸을 완성하여 쓴다. - 완성한 문장을 색종이 한 장에 옮겨 써서 선생님께 가져가 줄을 선다. - 선생님께 비밀번호인 'Two, Zero, Zero, Eight'을 말하고 색종이를 보여 드린다. - 먼저 색종이에 정확한 문장을 완성한 팀이 승리한다. ④ 놀이 방법에 대하여 학생들의 이해정도를 점검한 후 놀이를 시작한다.				

유의사항	① 즐겁게 놀이를 하되 놀이로만 끝나지 않고 의미 있는 학습이 되도록 규칙을 잘 지키도록 강조한다. ② 교사가 지나친 경쟁은 피하고 열심히 한 팀은 모두 승리로 결론지어 준다. ③ 활동지는 빈칸으로 구성된 3단원에서 배운 핵심 문장들로 구성한다.

자가평가

놀이의 규칙을 잘 알고 실천했나요?	상 ☐ 중 ☐ 하 ☐
놀이에 필요한 영어를 자신감 있게 말할 수 있나요?	상 ☐ 중 ☐ 하 ☐

Make a Project 귀여운 콘서티나북

[장면] 콘서티나 악기 사진

콘서티나: 아코디언 모양의 6각형의 손풍금으로 라틴아메리카에서 사용되는 악기

[장면] 두 명의 아이들이 책상 위에서 아래의 콘서티나 모양의 책을 만든 모습

두꺼운 하드보드지 표지

표지엔 'Days' Meaning of the Week'라고 써져 있다.

아코디언처럼 펼쳐진 책장들

요일의 어원을 교과서 뒤 자료란에 각 각 표에 넣어 카드처럼 제시해 주세요.

자가평가

활동의 규칙을 잘 알고 실천했나요?	상 ☐ 중 ☐ 하 ☐
활동에 필요한 영어를 자신감 있게 말할 수 있나요?	상 ☐ 중 ☐ 하 ☐

Make a Project 귀여운 콘서티나북

준비물	하드보드지, 약간 두꺼운 색지, 가위, 풀, 사인펜	형태	짝 활동
활동방법	① 콘서티나 악기에 대해 살펴본 후 교사가 요일의 의미가 적힌 활동지를 나누어 준다. ② 하드보드지에 제목을 붙이도록 한다. 만든이에 학생 자신의 이름도 쓰게 한다. ③ 색지를 8cmX30cm 정도의 긴 직사각형 모양으로 오리도록 한다. ④ 색지를 아코디언처럼 방향을 달리하여 지그재그로 접게 한다. ⑤ 색지에 요일별로 요일의 의미를 오려서 붙이도록 한다. ⑥ 요일은 영어로 쓰도록 한다. 자신의 쓰기 능력에 따라 'What day is it today?'와 같이 요일에 관한 다양한 표현들을 써 보도록 격려한다. ⑦ 마지막으로 책을 장식하게 한다. ⑧ 다양하고 창의적인 시도를 한 책에 많은 칭찬과 높은 수행평가 점수를 부여한다.		
유의사항	① 수업 시간 전에 과제로 하드보드지를 10cmX10cm의 크기로 미리 잘라오도록 한다 ② 교사는 학생들은 오려서 붙일 수만 있도록 책 제목과 요일별로 요일의 의미를 표로 작성하여 나누어 준다.		

Let's Review(1) 정리해 봅시다

※ 다음 물음에 답하시오.

(1) 들은 순서대로 요일의 번호를 동그라미 안에 쓰시오.

Monday	Tuesday	Wednesday	Thursday	Friday	Saturday	Sunday
○	○	○	○	○	○	○

위의 표는 기차로 표현! 기차에서 연기기 퐁퐁 나온다. 연기에는 '7 Days of the Week'라고 쓰여 있다.

(2) 들려주는 대화와 가장 관련된 낱말은?

①	②	③	④
Monday	Tuesday	Wednesday	Thursday

※ 짝과 함께 실제 달력을 가지고 요일을 묻고 답해 보시오.

실제 달력 사진

나의 말하기 실력은 (　　)입니다.　　Excellent ◌　Great ◌　Good ◌

Let's Review(2) 정리해 봅시다

(1) 다음 중 요일에 관한 낱말을 찾아 스티커를 붙이시오.

Saturday	everyday	grandpa	cookies	food
chicken	Sunday	sister	brother	afternoon
notebook	snacks	Friday	face	morning
ducks	violin	piano	Wednesday	tickets
coat	shoes	watch	library	Tuesday

(2) 들려주는 낱말을 알맞은 꽃송이 위에 써 넣으시오.

1) What ___ day ___ is ___ it ___ ?

2) It's ___ .

Let's Review(1) 정리해 봅시다

평가기능	듣기	형태	개별	정답	(1) ① Monday ② Thursday ③ Saturday ④ Tuesday ⑤Wednesday ⑥ Friday ⑦ Sunday (2) ①
듣기대본 (script)	(1) ① Monday ② Thursday ③ Saturday ④ Tuesday ⑤ Wednesday ⑥ Friday ⑦ Sunday				(2) M: Let's go to the library on Sunday? W: Sorry. M: What about Monday? W: Good. Let's go there on Monday. ① Monday ② Tuesday ③ Wednesday ④Thursday
평가기능	말하기	형태	짝활동	준비물	달력, 칭찬스티커
평가기준 (criteria)	상	자신감 있게 요일을 묻고 답하며 상대방에게 약속을 제안할 수 있다.			
	중	요일을 묻고 답하며 상대방에게 약속을 제안할 수는 있으나 자신감이 부족하다.			
	하	요일을 묻고 답하며 상대방에게 약속을 제안하는 데 어려움이 많다.			

Let's Review(2) 정리해 봅시다

평가기능	읽기·쓰기	형태	개별	정답	(1) 대각선으로 스티커를 붙이면 정답 (2) Today: What day is it today? Tuesday: It's Tuesday.
활동방법	① 학생들에게 내용을 먼저 살펴볼 충분한 시간을 준다. ② 문제를 잘 읽고 문제를 풀어보도록 한다. ③ 정답을 확인하고 피드백해 준다.				
유의사항	평가 점수 보다 학생들이 잘 모르는 부분이 무엇인지 발견하는 계기가 되도록 지도한다.				

Catch Up

요일 막대그래프를 그려 봅시다

M nday	Tue day	We nesday	Thur day	Fr day	S turday	S nday

영어 요일 카드를 교과서 맨 뒤 자료란에 제시해 주세요.

Jump Up

아이들이 그림 퍼즐을 완성해가는 그림과 아래에 퍼즐을 붙일 수 있도록 네모 제시

※ CD에는 퍼즐이 하나씩 날아와서 전체 그림이 완성되도록 제시한다.

1) 한글 요일 카드

월요일

2) 그림퍼즐

Wow, it's Friday!

온 가족이 함께 모여 즐거운 소풍을 나와 맛있는 음식을 먹는 그림

Catch Up 따라 잡아 봅시다

놀이명	차곡차곡 요일그래프	기능	듣기·말하기·읽기·쓰기	형태	소집단별
목 표	요일을 묻고 답하며 막대그래프를 그릴 수 있다.				
사용언어	What day is it today? It's ______.				
준비물	영어 낱말 요일 카드, 색연필				
활동방법	① 그래프를 살펴보고 요일에 관한 낱말을 완성하여 쓰게 한다. ② 요일 카드를 가지고 교사와 학생이 함께 읽어본 후 특별한 요일을 정한다. Monday / Tuesday / Wednesday / Thursday / Friday / Saturday / Sunday ③ 카드를 엎어 놓고 가위, 바위, 보를 하여 순서를 정한다. ④ 이긴 사람이 먼저 카드를 뽑는다. 진 사람들은 질문을 한다. ⑤ 카드에 따라 답을 하고 그래프에 색칠을 한다. ⑥ 특별한 요일로 선정된 날의 막대그래프가 많이 색칠된 사람이 이긴다.				
유의사항	① 질문과 대답을 언어 규칙에 맞게 자신감 있게 말하도록 격려한다. ② 뽑은 카드는 그래프에 색칠을 한 후 다시 다른 카드와 섞는다.				

Jump Up 뛰어 넘어 봅시다

놀이명	알쏭달쏭 요일 퍼즐	기능	듣기·말하기·읽기·쓰기	형태	소집단별
목 표	요일에 관해 대화를 나누며 읽고 쓰기를 통해 그림 퍼즐을 완성할 수 있다.				
사용언어	What day is it today? It's ______.				
준비물	한글 낱말 요일 카드, 가위, 풀				
활동방법	① 가위, 바위, 보로 순서를 정한 후 한글 낱말 카드를 엎어 놓는다. ② 이긴 사람이 한글 카드 한 장을 뽑고 진 사람이 질문을 한다. ③ 뽑은 카드에 따라 답을 하고 영어로 카드에 요일을 쓴다. ④ 물음에 답을 하고 철자도 정확히 썼다고 짝이 평가해주면 그림 퍼즐 하나를 판에 놓을 수 있다. ⑤ 퍼즐 조각은 교과서 뒤에 자료를 오려서 활용한다. ⑥ 가장 먼저 퍼즐을 완성한 사람이 이긴다.				
유의사항	퍼즐을 조각조각으로 한꺼번에 오리면 분실할 우려가 있으므로 하나씩 선을 따라 오려가면서 교과서에 붙이도록 한다.				

Days of the week

지금 우리들이 살고 있는 1주일이 7일이라는 개념은 대개 고대 이집트인으로부터 받아들였는데, 그들은 지구가 그 주위를 돌고 있는 일곱 개의 '행성'을 갖고 있다는 믿음에 바탕을 두고 그 길이를 정했다고 한다.

로마 인들에게 이러한 행성들 가운데 가장 멀리 있는 것은, 농업의 신이자 신들 중에서 가장 장로인 사투르누스 Saturnus의 이름을 따서 붙인 토성(Saturn)이었다. 다른 여섯 개의 행성은 거리가 먼 순서대로 목성(Jupiter), 화성(Mars), 태양(Sol), 금성(Venus), 수성(Mercury), 그리고 달(Luna)라고 불렀다. 이집트인들에 따르면, 이 행성들은 각기 회전하는 순서대로 시간을 주관한다. 그 날의 첫 번째 시간을 주관하면, 그 날은 토성날이 된다. 목성이 두 번째 시간을 주관하고, 화성이 세 번째 시간, 태양이 네 번째 시간과 같은 방식이다.

두 번째 날이 시작되면 태양이 25번째니까, 그 날의 첫 번째 시간을 주관하게 된다. 이렇게 해서, 둘째 날은 태양의 날이다. 같은 논리로, 셋째 날은 달의 날이고, 넷째 날은 화성의 날…하는 식으로 진행된다. 이런 식으로, 1주일의 7일에 일일이 이름을 붙이는 방법은 최종적으로 서기 4세기경에 로마 인들에 의해서 채용되었다. 그리고 이것은 '태양의 날 solis dies(지금의 Sunday)이 토성의 날 대신 첫 번째로 놓인 것을 제외하고는 전혀 바뀐 것이 없다. 그 나머지 순서대로 달의 날 lunae dies, 화성의 날 martes dies, 수성의 날 mercurii dies, 목성의 날 jovis dies, 금성의 날 veneris dies, 그리고 토성의 날 saturni dies이라고 불려 졌다.

월요일 달의 신 Luna 의 날	화요일 외팔이 전쟁의 신 Tiu의 날	수요일 술의 신 Odin 의 날	목요일 천둥, 번개의 신 Thor의 날	금요일 결혼의 여신 Frig의 날	토요일 농업의 신 Saturn의 날	일요일 태양의 신 Solis의 날
月	火	水	木	金	土	日

Culture Tips 문화 이야기

준비물	CD-ROM	형태	전체
지도 내용	요일들은 어떤 의미를 지니고 있는지 알아보기		
활동 방법	① 3단원에서 배운 핵심 표현을 정리해 본다. ② 그리스 로마 신화를 읽어본 경험이 있는지 발표시킨다. ③ 요일의 의미에 얽힌 이야기를 만화로 재미있게 들어보게 한다. ④ 문화이야기를 보고 느낀 점을 이야기해 보게 한다.		
유의 사항	요일에 대한 의미를 알아봄으로써 요일에 대한 보다 친근하고 재미있는 학습으로 이루어지도록 하는데 초점을 둔다.		

5-3 What Did You Do Last Summer Vacation?

단원 목표	듣기	지나간 일에 관한 표현을 듣고 이해한다.		
	말하기	상대방에게 지나간 일에 관하여 묻고 답한다.		
	읽기	지나간 일을 표현하기 위하여 필수적인 낱말의 뜻을 이해하며 읽는다.		
	쓰기	구두로 익힌 표현을 알파벳 대·소문자를 구별하여 쓴다.		
구 분	**1차시**	**2차시**	**3차시**	**4차시**
학습단계 및 학습활동	- Look and Listen(1)	- Look and Listen(2) - Listen and Speak(2)	- Let's Speak More - Let's Read	-Let's Play(4) -Let's Review(1)
	-Listen and Speak(1) -Let's Play(1)	-Let's Sing -Let's Play(2)	-Let's Write -Let's Play(3)	-Let's Review(2) -Catch Up -Jump Up -Culture Tips
의사소통기능	1. 정보 묻기 What did you do last summer vacation? 2. 보고하기 I went camping. 3. 화난 것 표현하기 I was angry.			
언어형식	What did you do ________? I ________.			
어휘(9개)	practice, stay, museum, dream, yesterday, zoo, photo, best, eat			

What Did You Do Last Summer Vacation?

Look and Listen(1) 그림을 보면서 노래를 들어 봅시다

[장면] 학교 등굣길

대화를 나누고 있는 민지와 Chris 주변으로

동그라미 안에는 한국 민속촌의 사진엽서들

실제 한국 민속촌의 사진들을 삽입

(전통가옥, 서당, 전통 장신구, 돌잔치, 전통 신앙건물, 전통 공방, 농사짓는 모습, 장터 모습)

http://www.koreanfolk.co.kr/

단원안내

- 지난여름 방학에 한 일을 묻고 답할 수 있다.
- 화가 났을 때의 감정을 표현할 수 있다.

Look and Listen(1) 그림을 보면서 들어 봅시다

준비물	CD-ROM	형태	전체
대화내용	민우와 Chris가 학교 등굣길에 만나 지난여름 방학에 다녀온 한국 민속촌에 관해 이야기를 나누고 있다. Chris (반가운 표정으로) Hi, Minwoo. Good to see you again. Minjee (Chris와 하이파이브를 하며) Chris, I'm happy to see you. Was your summer vacation good? Chris (즐거운 목소리로) Yes, it was. Minjee What did you do last summer vacation? Chris I went to the Korean Folk Village. Minjee Wow, did you go there with your family? Chris Yes. I did. Minjee What did you see there? Chris I saw Chunghyon Seowon. It was very good. Minjee Did you see Songkyunkwan? Chris (성균관의 모습을 떠올리며) Of course, I did. It was big, strong and beautiful. Minjee How about the Folk Museum? Chris It was exciting. I played Korean games there. I really want to go to the Korean Folk Village again. Minjee Let's go there together next vacation. Chris That's a good idea! (민우와 Chris의 행복한 웃음꽃이 가을 하늘로 활짝 피어난다)		
활동방법	① 교과서 그림을 보고 전반적인 내용과 표현을 생각해 보도록 한다. ② 화면은 보지 않고 대화만 소리로 듣고 내용을 탐색해보게 한다. ③ 화면을 보면서 대화를 들으며 정확하게 내용을 파악하도록 한다.		
유의사항	듣기 전 활동으로 정확한 내용 이해에 도움이 되는 배경 지식을 제공한다. 외국인에게 소개하면 좋을 우리나라의 명소에 관해 이야기를 나눈다.		

장면 1

David가 David의 엄마와 함께 열무김치를 담근 경험을 민우에게 말해 주는 모습

열무를 씻는 모습

열무에 소금을 뿌리는 모습

고춧가루 양념을 준비하는 모습

열무와 고춧가루 양념을 버무리는 모습

David와 민우가 대화를 나누고 있다.

1) 실제 열무김치를 만드는 과정을 순서대로 제시
2) David가 외국인인 엄마와 함께 장갑을 끼지 않고 손으로 직접 버무리는 장면

장면 2

Miss Jane과 재원이가 전통 부채와 전통 매듭을 만든 경험을 대화하는 모습

Miss Jane이 전통 부채(합죽선)를 만드는 모습

재원이가 전통 매듭을 만드는 모습

Miss Jane과 재원이가 대화하는 모습

1) 각 각 자신들의 경험을 그림 풍선에 넣어 장면으로 제시
2) 전통 부채인 합죽선과 전통 매듭으로 그림 제시

Listen and Speak(1) 듣고 말해 봅시다

<table>
<tr><td>준비물</td><td>CD-ROM</td><td>형태</td><td>전체</td></tr>
<tr><td>대화내용</td><td colspan="3">〔장면 1〕
여름방학 때 David가 한국인이 여름에 즐겨먹는 열무김치를 담았던 경험을 민우에게 말해주고 있다.
Minwoo Summer vacation was great.
What did you do last summer vacation, David?
David (잠시 생각에 잠기며) Well, I made Yull-Moo Kimchi with my mon.
Minwoo (깜짝 놀라며) You did it?
David (자랑스러운 밝은 표정으로) Yes, I did. It was fun.
Minwoo Do you like Kimchi?
David Of course! I like to eat Yull-Moo Kimchi, Boo-Choo Kimchi, Cabage Gut-Juri Kimchi and Cucumber Kimchi in summer.
Minwoo Wow!
David (웃으며) Kimchi is very yummy.
〔장면 2〕
Miss Jane과 재원이가 전통 부채와 전통 매듭으로 핸드폰 줄을 만든 경험을 말하고 있다.
Miss Jane Nice to see you, Jaewon.
Jaewon Nice to see you, too.
Miss Jane What did you do last summer vacation?
Jaewon I learned to make a Korean Knot. It was fun.
Miss Jane Great!
Jaewon What did you do last summer vacation, Miss Jane?
Miss Jane I made a Korea Folding Fan, Habjooseon. It was nice.
Jaewon Wow, let me see that.
Miss Jane Sure. Here you are.
Jaewon Beautiful!</td></tr>
<tr><td>활동방법</td><td colspan="3">① 전체적인 내용과 주요 표현을 추측해 보도록 한다.
② 내용을 정확하게 파악하고 주요 표현을 따라서 말해 보도록 한다.
③ 내용을 이해하며 자신감 있는 태도로 말하도록 한다.</td></tr>
<tr><td>발음지도</td><td colspan="3">What did you do?에서 자연스러운 연음 방법을 지도한다.</td></tr>
</table>

언어형식	What did you do ______? 언어 형식에 들어갈 수는 과거를 나타내는 다양한 낱말을 넣어 표현해 보도록 한다.
유의사항	지난여름 방학에 한 일을 질문하고 응답할 때 사용하는 과거 시제의 동사에 유의하여 말하도록 한다.

Let's Play(1) '호박고누' 놀이를 해 봅시다

모래시계

고누를 놓고 있는 흑인 남자 아이 Eric (오른쪽을 바라보고 있음)

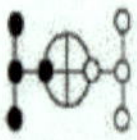

고누를 놓고 있는 재원이 (왼쪽을 바라보고 있음)

고누에서 이겨서 기쁜 흑인 Eric(오른쪽을 바라보고 있음)

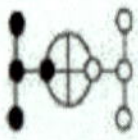

박수를 쳐주고 있는 재원이 (왼쪽을 바라보고 있음)

·교과서 맨 뒤 자료 영역에 반드시 고누 놀이판 제시

자기평가				
	놀이의 규칙을 잘 알고 실천했나요?	상 ☐	중 ☐	하 ☐
	놀이에 필요한 영어를 자신감 있게 말할 수 있나요?	상 ☐	중 ☐	하 ☐

Let's Play(1) '호박고누' 놀이를 해 봅시다

놀이명	호박고누	기능	듣기·말하기	형태	짝 활동
목 표	지난여름 방학 때 한 일을 묻고 답할 수 있다.				
사용언어	What did you do last summer vacation? I __________.				
준비물	흰색 바둑돌 4개, 검은 색 바둑돌 4개, 고누놀이판, 가위				
활동방법	① 호박고누 놀이판을 보여 주고 어떤 놀이인지 자유롭게 발표해 보게 한다. ② 고누 놀이의 종류에 관해 알아 본다. (우물고누, 줄고누, 호박고누, 사각고누 등) ③ 호박고누 놀이의 방법을 교사가 학생과 함께 시연해 보인다. - 바둑돌 4개를 각 각 놓고 가위, 바위, 보를 하여 순서를 정한다. - 진 사람이 질문을 한다. 'What did you do last summer vacation?' - 이긴 사람이 답을 한다. 'I __________.' - 대답을 잘 하면 한 칸 옆 혹은 앞으로 전진한다. - 학생들의 언어적 수준에 따라 같은 응답도 허용해 준다. - 한 번씩 교대로 한 칸씩 이동하며 상대방이 더 이상 앞으로 나아갈 곳이 없도록 하는 사람이 이긴다. ④ 놀이 방법에 관해 의문점이 없는지 점검한다.				
유의사항	① 호박고누 놀이에서는 말이 뒤로는 움직일 수 없다. 옆 혹은 앞으로만 전진한다는 것을 학생들에게 확실히 주지시킨다. ② 반드시 영어로 묻고 답해야 한다는 점을 강조한다. ③ 놀이를 할 때 다른 친구들에게 피해를 주지 않도록 주의시키고, 놀이가 다 끝난 팀은 한 번 더 하도록 사전 안내한다.				

아래와 같이 배치된 오케스트라에서 Chris는

제 1바이올린, 민우는 플룻을 연주하는 모습

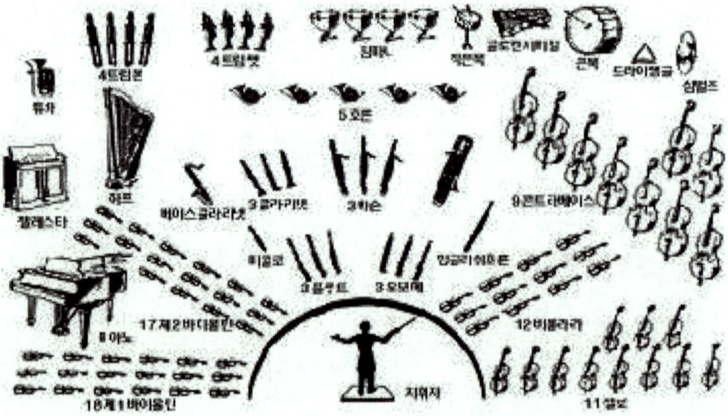

1) 학생들이 오케스트라의 배치를 알 수 있도록 악기의 수는 똑같지 않더라도, 위치와 악기 한 대씩은 적어도 학생들이 연주를 하고 있고, 지휘자도 배치시킨다.

2) 즐거운 표정의 Chris와 재원이를 더 부곽시켜 준다.

Look and Listen(2) 그림을 보면서 들어 봅시다

<table>
<tr><td>준비물</td><td>CD-ROM</td><td>형태</td><td>전체</td></tr>
<tr><td>대화내용</td><td colspan="3">Chris와 민우가 지난여름방학에 관해 이야기를 나누고 있다.
Minwoo Are you reading a book?
Chris No, I'm not. I'm looking at photos.
Minwoo Photos?
Chris Yep! (사진 한 장을 민우에게 보여 준다)
I practiced and practiced the violin last summer vacation.
And then, I played the violin at Happy Summer Concert.
Minwoo Wow, it's nice.
Chris Thanks.
Minwoo (함께 사진을 보면서 Chris가 한 소년을 가리키며) Who's he?
Chris He's my friend, Sam. He can play the piano well.
Minwoo Aha, who's she?
Chris She's my sister. Jina played the flute.
Minwoo Oh, she's cute.
Chris Thank you.
Minwoo Who's he?
Chris He's Mr. Kim. He can play the violin very well.
What did you do last summer vacation, Minwoo?
Minwoo Well, I went to Flower Village in Chung Buk, Um-sung with my brothers.
Chris Did you say Flower Village?
Minwoo Yes, I did. I had a beautiful time there.
Last summer vacation was the best for me.</td></tr>
<tr><td>활동방법</td><td colspan="3">① 그림을 보고 전체적인 내용과 주요 표현을 생각해 보도록 한다.
② 영상 없이 대화만 들어본 후 내용 파악을 위한 핵심적인 질문에 답해 보도록 한다.
③ 영상과 소리를 함께 들어 보며 정확한 내용을 이해하도록 한다.</td></tr>
<tr><td>유의사항</td><td colspan="3">방학을 유익하게 보내기 위해 할 수 있는 일들을 먼저 생각해 본 후 외국과 우리나라의 학생들이 방학 때 하는 일들을 이야기해 보도록 한다. 서로의 생활에 관하여 존중하고, 좋은 점을 본받을 수 있는 긍정적인 태도를 갖도록 한다.</td></tr>
</table>

장면 1

남성인 선생님이 아이들과 이야기를 나누는 모습

수업휴업일인 지난 토요일에 흑인 Eric, 영국인 Chris, 미국인 David,
동양인 재원이와 민지가 함께 경복궁에 체험학습을 간 경험을 상상하며 말하는 모습

1) 아이들이 제 각기 경복궁의 다른 곳들을 상상하는 것으로 그림
-재원: 경복궁 입구에서 친구들과 입장하려는 모습
-David: 경복궁을 둘러싼 북악산
-Chris: 조선시대복장을 한 사람들
-Eric: 조선시대 궁중음악 연주모습
-민지: 근정전 정경
2) 아이들의 손에는 목걸이형 수첩과 간단한 필기도구를 가지고 있도록 그림
3) 선생님은 꼭 남성!

장면 2

민지와 민우가 대화를 나누는 모습

각 아이들 머리위로 대화에 어울리는 떠오르는 장면을 풍선 그림으로 처리
1) 민지: 유명한 농구선수를 만나 함께 공원에서 농구를 하는 장면
2) 민우: 집에서 지루한 표정으로 숙제하는 모습

1) 아이들의 표정 중요!
2) 농구선수는 성인, 남자로 그림

Listen and Speak(2) 듣고 말해 봅시다

<table>
<tr><th>준비물</th><th colspan="2">CD-ROM</th><th>형태</th><th>전체</th></tr>
<tr><td rowspan="29">대화내용</td><td colspan="4">〔장면 1〕</td></tr>
<tr><td>Teacher</td><td colspan="3">(다정한 표정으로) How's the weather outside?</td></tr>
<tr><td>Students</td><td colspan="3">It's sunny.</td></tr>
<tr><td>Teacher</td><td colspan="3">Right. The weather is nice. What did you do last Saturday?</td></tr>
<tr><td>Jaewon</td><td colspan="3">I went to Gyeongbokgung with Eric, Chris, David, and Minjee.</td></tr>
<tr><td>Teacher</td><td colspan="3">Great! What did you see there?</td></tr>
<tr><td>David</td><td colspan="3">We saw Gwanghwamun, Geunjeongjon, and Gyotaejeon.</td></tr>
<tr><td>Teacher</td><td colspan="3">Wow, you did a good job!</td></tr>
<tr><td>Chris</td><td colspan="3">Gyeongbokgung was very big and beautiful.
Red and yellow circles, green squares, blue triangles…….</td></tr>
<tr><td>Eric</td><td colspan="3">That's right. It was so pretty.</td></tr>
<tr><td>Teacher</td><td colspan="3">Did you see Donggung, too?</td></tr>
<tr><td>Minjee</td><td colspan="3">Yes, we did. It looked great.</td></tr>
<tr><td>Teacher</td><td colspan="3">Wow, you had a great time last Saturday.</td></tr>
<tr><td colspan="4">〔장면 2〕</td></tr>
<tr><td>Minwoo</td><td colspan="3">Minjee, you look happy.</td></tr>
<tr><td>Minjee</td><td colspan="3">(기분 좋은 목소리로) Yeah. I'm so happy.</td></tr>
<tr><td>Minwoo</td><td colspan="3">(궁금해 하면서) What did you do yesterday?</td></tr>
<tr><td>Minjee</td><td colspan="3">I went to the park.
And, (사진을 보여주면서) I met a big basketball player.</td></tr>
<tr><td>Minwoo</td><td colspan="3">Wow!</td></tr>
<tr><td>Minjee</td><td colspan="3">(들뜬 목소리로) We played basketball together.
(즐거운 표정으로) We saw his wonderful photos.
It was very nice. What did you do yesterday, Minwoo?</td></tr>
<tr><td>Minwoo</td><td colspan="3">Umm. It was bad. I wanted to go camping.
But I stayed at home. I was angry yesterday.</td></tr>
<tr><td>Minjee</td><td colspan="3">Oh, I'm sorry.</td></tr>
<tr><td>Minwoo</td><td colspan="3">(밝게 미소 지으며) That's all right.</td></tr>
<tr><td>Minjee</td><td colspan="3">Let's go outside. It's very sunny.</td></tr>
<tr><td>Minwoo</td><td colspan="3">That's a good idea!</td></tr>
</table>

활동방법	① 내용을 정확하게 이해하며 표현을 따라서 말해 보도록 한다. ② 표현을 반복해서 연습한 후 화면만 보고 립싱크(lip-synch)를 해 보게 한다. ③ 화면을 보지 않고 등장인물들처럼 짝과 함께 자연스럽게 대화해 보도록 한다.
발음지도	'last Saturday'에서 'last'의 [la]발음은 강조하고 [st]발음을 축소시켜 'Saturday'와 자연스럽게 이어서 말하도록 지도한다.
언어형식	현재형과 과거형을 비교하며 표현의 시제 차이를 지도한다.
유의사항	자연스럽게 의사소통하는데 목적을 두고 자신감 있고 유창하게 말하도록 격려한다.

Let's Sing 다함께 노래해 봅시다

장면 1	장면 2	장면 3	장면 4
Museum 이라고 적힌 박물관	Shopping Mall 이라고 적힌 동대문 시장	Happy Summer Concert 이라고 적힌 콘서트홀	Hangang Park 이라고 적힌 한강 공원

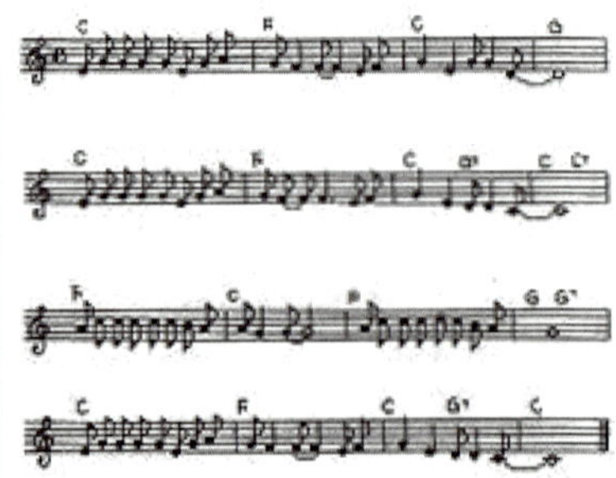

Let's Play(2) '빙글빙글 스핀보드' 놀이를 해 봅시다

공원에서 노는 모습	박물관을 관람하는 모습	동물원에서 구경하는 모습	집에서 지루한 표정으로 숙제하는 모습	바이올린을 연주하는 모습
플루트를 연주하는 모습	피아노를 치는 모습	기타 치는 모습	도서관에서 책 보는 모습	카트를 밀면서 쇼핑하는 모습
책 읽는 모습	TV를 보는 모습	영어공부하는 모습	야구를 하는 모습	유명한 농구선수와 농구를 하는 모습
축구를 하는 모습		캠프 하는 모습		

✓자기평가

놀이의 규칙을 잘 알고 실천했나요?	상 ☐	중 ☐	하 ☐
놀이에 필요한 영어를 자신감 있게 말할 수 있나요?	상 ☐	중 ☐	하 ☐

Let's Sing 다함께 노래해 봅시다

준비물	CD-ROM	형태	전체→소집단별
가사	왼쪽에 제시된 가락과 리듬에 맞추어 What did you do What did you do yesterday? I went to the museum. What did you do What did you do yesterday? I went shopping with my Mom. What did you do last summer vacation? What did you do last summer vacation? I went to Happy Summer Concert and I went to Hangang park.		
활동방법	① CD를 보면서 가사에 어울리는 동작을 만들어 보도록 한다. ② 동작을 하면서 노래를 부르도록 한다. ③ 가사와 동작을 학생들이 창의적으로 바꾸어서 다시 불러 보게 한다. ④ 노래를 부를 때는 연음을 하며 자연스럽게 이어서 부르도록 한다.		

Let's Play(2) '빙글빙글 스핀보드' 놀이를 해 봅시다

놀이명	빙글빙글 스핀보드	기능	듣기·말하기	형태	소집단
목 표	상대방에게 지난 일에 관하여 묻고 답할 수 있다.				
사용언어	What did you do ________? I ________.				
준비물	스핀보드, 보드판과 화살표를 고정시킬 수 있는 압정이나 핀, 가위, 우드락				
활동방법	① 교과서 뒤에서 스핀 보드판과 화살표를 오린 후 우드락 위에 함께 고정시킨다. ② 학생들에게 스핀 보드판의 그림과 영어 표현을 살펴보도록 한다. ③ 교사와 함께 보드판에 제시된 표현을 반복해서 연습해 보도록 한다. ④ 가위, 바위, 보를 하여 순서를 정한다. ⑤ 이긴 사람은 화살표를 살짝 쳐서 돌린다. ⑥ 진 사람은 화살표가 가장 많이 해당된 부분의 표현을 활용해서 질문을 한다. 'What did you do ________?' ⑦ 질문에 맞게 제시된 표현을 활용하여 대답을 한다. 'I ________.' ⑧ 대답을 잘하면 1점을 얻는다. 가장 많은 점수를 얻은 사람이 이긴다.				
유의사항	① 교실 상황에 따라 놀이를 재구성하여 적용한다. ② 놀이가 유의미한 학습으로 이어지도록 반드시 영어로 질문하고 답하도록 한다. ③ 화살표가 찢어지지 않도록 살짝 돌리도록 한다. 화살표를 마분지에 붙여 활용해도 좋다. ④ 스핀보드판과 화살표를 고정시키기 위한 우드락판 대신에 작은 상자나 일회용 도시락판, 스티로폼, 코르크판 등을 활용해도 유용하다.				

Let's Speak More 그림 속의 주인공이 되어 말해봅시다

장면 1

휠체어를 타고 있는 장애우 Sarah가 화가 난 민지와 이야기하고 있는 모습

장면 2

Sarah가 민지를 포함해 다른 아이들과 학교 운동장에서 100M 달리기를 하는 모습

장면 3

Sarah와 민지가 함께 끌어안고 눈물을 흘리는 감동적인 모습

장면 4

Sarah와 민지가 즐거운 표정으로 치킨을 먹는 모습

Let's Speak More 그림 속의 주인공이 되어 말해봅시다

<table>
<tr><th>준비물</th><th colspan="3">CD-ROM</th><th>형태</th><th>짝 활동</th></tr>
<tr><td rowspan="4">대화내용</td><td>장면1</td><td>Sarah
Minjee

Sarah

Minjee
Sarah</td><td colspan="3">(걱정스러운 듯) Are you angry, Minjee?
(화난 표정으로) Yes, I'm angry.
I practiced and practiced the piano. But I can't.
(다정하게 손을 잡아주며) Don't be angry, please.
You are a good piano player.
No. I can't play the piano well.
I don't think so.</td></tr>
<tr><td>장면2</td><td>Sarah

Minjee

Sarah
Minjee
Sarah</td><td colspan="3">Minjee, listen please. I was very happy last night.
I was not Sarah.
(무슨 뜻인지 이해가 안된다는 듯) What?
(Sarah를 쳐다보며) What did you do last night?
(미소를 지으며) I ran on the playground with you.
(믿기지 않는다는 듯) But…….
(민지를 다정한 눈빛으로 바라보며) Of course, I can't run.
But, I ran. In my last night dream!</td></tr>
<tr><td>장면3</td><td>Sarah
Minjee
Sarah

Minjee</td><td colspan="3">(행복한 표정으로) I went camping, too.
(사라의 이야기에 마음 아파하며) Oh, Sarah.
Of course, I can't run and go camping now.
But I'm not sad. I'm not angry.
I can run and go camping soon.
(Sarah를 안아 주며) My friend, Sarah.
(서로를 따뜻하게 안아주고 흐르는 눈물도 닦아준다)</td></tr>
<tr><td>장면4</td><td>Sarah
Minjee

Sarah
Minjee
Sarah
Minjee</td><td colspan="3">Minjee, you are my best friend.
(Sarah의 두 손을 맞잡으며) Thank you very much.
(행복한 표정으로 Sarah를 바라보며) I'm so happy.
Um. I'm hungry.
(다시 활짝 웃으며) Yes. I'm hungry, too.
Let's have some yummy chicken.
That's a good idea.</td></tr>
<tr><td>활동방법</td><td colspan="5">① 그림을 보며 이야기의 내용을 추측해 보도록 한다.
② 장애우에 관한 경험을 발표해 보도록 한다.
③ 대화를 듣고 주요 표현을 반복 연습해보고 말풍선에 들어갈 알맞은 말을 넣어 대화해보게 한다.
④ 이야기의 내용과 비슷한 경험이 있는지 이야기해 보고 장애우에 관한 바른 행동에 관해 이야기를 나눈다.</td></tr>
<tr><td>유의사항</td><td colspan="5">영어 학습과 장애우에 관한 인성 교육을 연계하여 지도한다.</td></tr>
</table>

Let's Read 읽어 봅시다

※ 다음 낱말들과 관련 깊은 사물을 찾아 해당하는 번호를 쓰시오.

〈숨은그림찾기〉

단풍과 낙엽을 흩날리며 즐겁게 노는 아이들 속에
아래의 사물들을 매우 작은 그림조각으로 숨겨 넣는다.

〈숨은 그림: 집, 부채, 공원, 사진첩, 바이올린, 농구선수, 영어교과서〉

① played ② studied ③stayed ④ saw ⑤ made ⑥ went ⑦ met

Let's Write 써 봅시다

※ 들려주는 표현을 잘 듣고 다음의 사다리를 따라 내려가 표현을 완성하시오.

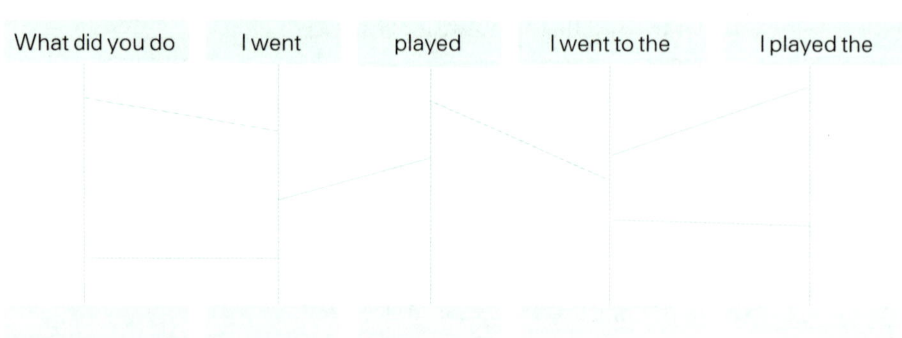

Let's Read 읽어 봅시다

준비물	CD-ROM, 교과서, 필기도구	형태	개별
사용언어	① played-바이올린 ② studied-영어교과서 ③ stayed-집 ④ saw-사진첩 ⑤ made-부채 ⑥ went-공원 ⑦ met-농구선수		
활동방법	① 낱말을 읽어가며 해당하는 뜻을 확인한다. ② 1번부터 8번까지 각 각의 낱말들로 만들 수 있는 알맞은 표현들을 다양하게 만들어 보게 한다. ③ 숨은 그림 찾기를 하기 위해 유심히 제시된 그림을 살펴보게 한다. ④ 제시된 낱말과 가장 관련된 사물을 찾아 낱말의 해당하는 번호를 쓴다.		

Let's Write 써 봅시다

준비물	CD-ROM, 교과서, 필기도구	형태	개별
사용언어	(1) What did you do ________? I went ________. I played ________. I went to the ________. I played the ________.		
활동방법	① 본 단원에서 사용된 주요 표현을 말해 보게 한다. ② 제시된 낱말을 완성하거나 바르게 표현하기 위해 유의해야할 사항이 무엇인지 발표시킨다. ③ 윗줄에 제시된 표현에서 사다리를 타고 내려가 해당하는 빈 칸에 알맞은 낱말을 써 넣게 한다. 다양한 낱말들을 써 보도록 격려한다. ④ 활동이 끝난 후에 교사가 책을 검사하여 쓰기에 오류가 없는지 꼭 확인한다.		

Let's Play(3) '재미있는 그림문자' 놀이를 해 봅시다

〔장면〕

1) 초시계를 들고 있는 선생님과 2명이 한 조가 되어 책상위에서 활동지에 열심히 표시하는 학생 두 명, 작은 그림

2) 아래에는 활동지 자체를 제시

		Yes	No
1) What did you do last summer vacation?	What did you do last summer vacation?		
2) I went to the museum.	I go to the museum.		
3) What did you do yesterday?	What did you do yesterday?		
4) I studied and studied English.	I study and study English.		
5) What did you do last Saturday?	What did you do last Sunday?		
6) I played basketball at the park.	I play basketball at the park.		
7) What did you do last night?	What did you do last evening?		
8) I read three books.	I'm reading a book.		
9) What did you learn last lesson?	What did you learn last lesson?		
10) We practiced the new song.	We are practicing the new song.		

3) 활동지 주변에는 아래와 같은 알파벳의 이집트 상형 문자를 테두리처럼 그려서 제시

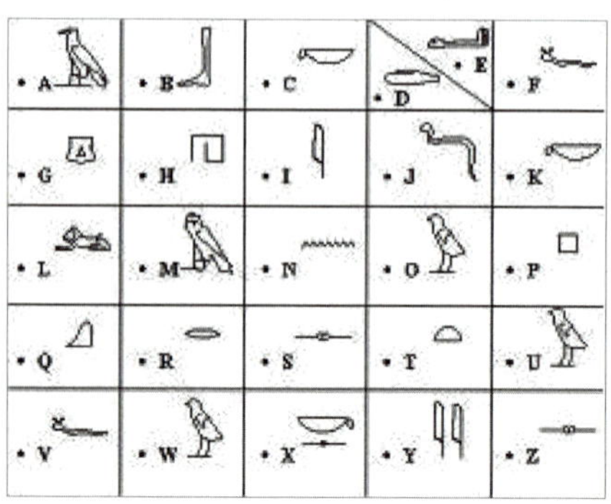

자가평가

놀이의 규칙을 잘 알고 실천했나요?	상 □	중 □	하 □
놀이에 필요한 영어를 자신감 있게 말할 수 있나요?	상 □	중 □	하 □

Let's Play(3) '재미있는 그림문자' 놀이를 해 봅시다

<table>
<tr><td>놀이명</td><td>재미있는 그림문자</td><td>기능</td><td>읽기·말하기</td><td>형태</td><td>짝활동</td></tr>
<tr><td>목 표</td><td colspan="5">지난 일에 관하여 묻고 답하는 다양한 대화를 읽고 서로 다른 문장을 구분할 수 있다.</td></tr>
<tr><td>사용언어</td><td colspan="5">1) What did you do last summer vacation?
2) I went to the museum.
3) What did you do yesterday?
4) I studied and studied English.
5) What did you do last Saturday?
6) I played basketball at the park.
7) What did you do last night?
8) I read three books.
9) What did you learn last lesson?
10) We practiced the new song.</td></tr>
<tr><td>정답</td><td colspan="5">yes, no, yes, no, no, yes, no, no, no, yes, no</td></tr>
<tr><td>준비물</td><td colspan="5">가위, 필기도구, 게임 활동지</td></tr>
<tr><td>활동방법</td><td colspan="5">① 학생들은 모두 눈을 감고 책상에 엎드려 있게 한다.
② 교사가 초시계로 30초를 재고 학생들은 마음속으로 시간을 계산하여 30초가 지났다고 생각하면 손을 빨리 들었다가 내린다.
③ 시간을 정확하게 어림한 학생을 칭찬해 준다.
④ 30초의 시간이 어느 정도가 되는지 학생들이 직접 체득해본 후 본 게임의 놀이 방법을 시연해 준다.
- 활동지에 제시된 왼쪽의 표현과 오른쪽의 표현이 같으면 Yes에 ✓ 표시를 하게 한다. 다르면 No에 ✓ 표시를 하게 한다.
- 정확하게 30초안에 표시를 하고 선생님께 와서 'What did you do last summer vacation? I went to the museum.'이라고 자신감 있게 말하면 이긴다.
⑤ 놀이 방법에 관해 질문이 없으면 게임을 시작한다.</td></tr>
<tr><td>유의사항</td><td colspan="5">① 이 놀이에서 제시된 영어문장은 하나의 문자 그림이다. 따라서 정확한 뜻을 파악하도록 하거나 문법적인 지식을 명시적으로 지도하지 않도록 유의한다.
② 놀이에서 시간적 제약이 매우 중요한 역할을 하므로 학생들과 협의하여 허용되는 시간을 정해도 좋다.</td></tr>
</table>

Let's Play(4) '행복한 실버벨' 놀이를 해 봅시다

〔장면〕

1, 7조: 각 모둠의 리더가 문제 카드를 들고 문제를 말해주고 다른 팀원들은 대답을 하는 모습

2, 5, 6조: 문제를 맞추고 자신들이 선 줄의 맨 뒤로 빨리 걸어가는 모습

3조: 은종을 치러 빨리 걸어가는 가는 모습

4조: 은종을 치는 기분 좋은 모습

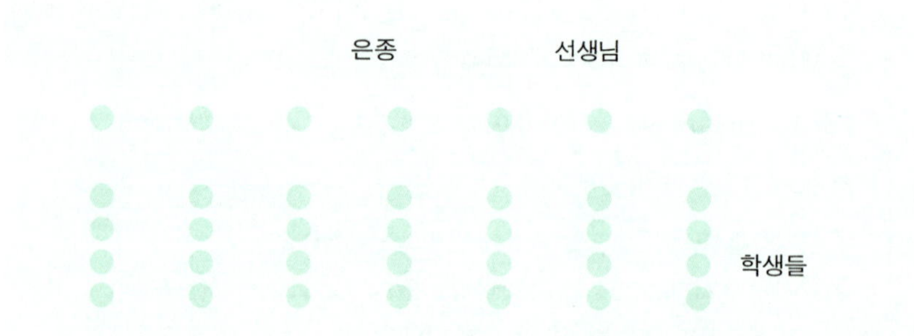

아래의 문제 카드는 반드시 교과서 맨 뒤 자료란에 한 페이지 크기로 제시해 주세요!

What did you do last summer vacation?	What did you do last Monday?
What did you do yesterday?	What did you do last Tuesday?
What did you do last birthday?	What did you do last Wednesday?
What did you do last night?	What did you do last Thursday?
What did you do last lesson?	What did you do last Friday?
What did you do last summer?	What did you do last Saturday?

자가평가

활동의 규칙을 잘 알고 실천했나요?	상 ☐	중 ☐	하 ☐
활동에 필요한 영어를 자신감 있게 말할 수 있나요?	상 ☐	중 ☐	하 ☐

Let's Play(4) '행복한 실버벨' 놀이를 해 봅시다

놀이명	행복한 실버벨	기능	읽기	형태	소집단별
목 표	제시된 문장 카드를 읽고 지난 일에 관하여 묻고 답할 수 있다.				
사용언어	What did you do ________?				
준비물	은종 1개, 노란색 라인 테이프, 소집단별 문제 카드 세트, 가위				
활동방법	① 노란색 라인 테이프를 바닥에 붙여 활동을 허용되는 공간을 분명하게 표시해 준다. ② 학생들과 함께 문제 카드에 제시된 질문과 대답을 연습해 본다. ③ 놀이 방법을 시연해 보인다. - 모둠의 리더를 다수결로 정한다. - 리더는 팀원들이 선 줄 앞에서 두 발자국 더 떨어져서 서게 한다. - 교사의 시작 신호와 함께 제시된 문제를 읽고 팀원에게 말해 준다. - 팀원은 질문에 정확한 답을 하면 맨 뒤로 가서 다시 서게 한다. 잘 모르면 'pass'라고 말하고 다른 질문에 답해야 한다. - 제시된 질문을 모두 정확하게 대답하고 빨리 걸어가 은종을 흔들면 이긴다. ④ 놀이를 연습해본 후 원만히 활동이 전개되면 놀이를 시작한다.				
유의사항	① 뛰어가면 무효라는 점을 강조하여 안전하고 질서있는 놀이 활동을 진행한다. ② 학생들의 언어적 수준에 따라 질문에 완전한 문장으로 답하던지 일부만 말해도 정답으로 처리한다.				

Let's Review(1) 정리해 봅시다

(1) 들려주는 대화를 잘 듣고 아래 그림에 해당하는 번호를 쓰시오.

경복궁을 관람 모습	박물관을 관람하는 모습	기타를 연습하는 모습	플룻을 연주하는 모습	열무김치를 담그는 모습
집에서 TV 보는 모습	부채를 만드는 모습	전통매듭을 만드는 모습	운동장에서 야구를 하는 모습	농구를 하는 모습
꽃동네에서 봉사활동하는 모습	한국민속촌을 구경하는 모습	바이올린을 연주하는 모습	사진첩을 보는 모습	피아노를 치는 모습
캠핑하는 모습	영어공부 하는 모습	동물원에서 노는 모습		

(2) 짝과 함께 지난여름 방학에 한 일을 말해 보시오.

여자, 남자 아이 두명이 서로 대화를 나누는 모습, 머리 위로는 장면을 상상하는 풍선을 제시

나의 말하기 실력은 (　　)입니다.　　Excellent ◌　Great ◌　Good ◌

Let's Review(2) 정리해 봅시다

(1) 서로 관련된 낱말끼리 선으로 이으시오.

What did •	• my umbrella?
Where is •	• your mom do?
What does •	• the weather?
How is •	• the date today?
What is •	• you do last summer vacation?

(2) 다음 빈 칸에 알맞은 말을 써 넣으시오.

날아가고 있는 비눗방울들, 비눗방울 안에는 영어 낱말들이 들어있다.

museum, family, teeth, food, water, does, Who, did, How, last, this, angry, What

여자, 남자 아이 두 명은 각 각 비눗방울을 불고 있고 비눗방울이 모여 아래의 영어 표현을 세 개를 감싸고 있다.

□ □ you do □ summer vacation?　I □ to the □.　I'm □.

Let's Review(1) 정리해 봅시다

평가기능	듣기	형태	개별	정답	①-캠프 모습 ② 박물관 관람 모습 ③ 바이올린 연습 모습
듣기대본 (script)	Number 1 W: What did you do last summer vacation? M: I went camping. Number 2 W: What did you do last summer vacation? M: I went to the museum. Number 3 W: What did you do last summer vacation? M: I went to the zoo.				

평가기능	말하기	형태	짝	준비물	달력, 칭찬스티커
평가기준 (criteria)	상	정확하게 지난여름 방학에 한 일에 관하여 짝에게 묻고 자신감 있는 태도로 답할 수 있다.			
	중	지난여름 방학에 한 일에 관하여 짝에게 묻고 답할 수는 있으나 자신감이 부족하다.			
	하	지난여름 방학에 한 일에 관하여 짝에게 묻고 답하는데 어려움이 많다.			

Let's Review(2) 정리해 봅시다

평가기능	읽기·쓰기	형태	개별	정답	(1)  모양이면 정답 (2) What, did, last, went museum, angry
활동방법	① 학생들에게 내용을 먼저 살펴볼 충분한 시간을 준다. ② 문제를 잘 읽고 문제를 풀어보도록 한다. ③ 정답을 확인하고 피드백해 준다.				
유의사항	학생들이 평가로 인한 심리적 부담을 최소화하고 평가의 진정한 목적이 자신이 무엇을 잘 모르는지 확인하여 보충하거나 복습을 하는 데 있다는 점을 강조한다.				

Catch Up

'Square Tic Tac Toe'

경복궁을 관람 모습	박물관 관람 모습 I went to the (m).	기타를 연습하는 모습	축구를 하는 모습 I played (ccer).
영어공부를 하는 모습 I (udied) English.	전통매듭을 만드는 모습	플룻을 연주하는 모습 I (play) the flute.	집에서 TV 보는 모습
운동장에서 야구를 하는 모습	농구를 하는 모습 I played (basket)	부채를 만드는 모습	캠핑하는 모습 I ( ) camping.
공원에서 노는 모습 I went to the (p).	한국 민속촌을 구경하는 모습	동물원 구경 모습 I went to the (z).	열무김치를 담그는 모습
꽃동네에서 봉사활동을 하는 모습	바이올린 연주모습 I practiced the (v)	사진첩을 보는 모습	집에 있으면서 숙제를 하는 모습 I stayed at (h).

Jump Up

1) 두 아이가 서로 묻고 답하며 조사활동을 하는 그림

2) 두 아이 밑에 아래에 있는 조사 활동지 자체를 제시

Fun Survey!

순서	이름	한 일
1		
2		
3		
4		
5		
6		
7		
8		
9		
10		

〈참고〉

go to the park	go the museum	go to the zoo	go camping	go shopping
play basketball	play the guitar	play the flute	play the violin	play the piano
play baseball	play soccer	play games	watch TV	stay at home

Catch Up 따라 잡아 봅시다

놀이명	사각 틱택토 게임	기능	듣기·말하기·읽기·쓰기	형태	개별
목 표	게임을 하면서 지난 일을 묻고 답하며 기록할 수 있다.				
사용언어	What did you do ________?				
준비물	교과서, 색연필, 필기도구				
활동방법	① 교사와 함께 틱택토 게임 보드를 살펴보고 영어로 묻고 답하도록 한다. ② 교사와 학생들의 게임으로 학생들은 한 번씩 교대로 놀이를 하게 한다. ③ 가위, 바위, 보를 하여 순서와 표시 방법을 정하게 한다. ④ 진 사람은 질문을 하게 한다. 'What did you do ________?' ⑤ 이긴 사람은 답을 하고 대답을 잘하면 놀이판 위에 동그라미를 그리게 한다. 만약 영어 표현이 있으면 문장을 완성해서 쓸 수도 있어야 한다. 한 줄을 먼저 만들기 위해 대답을 의도적으로 해 나간다. ⑥ 상대방이 동그라미로 한 줄을 먼저 만들지 못하도록 특정한 대답을 해서 줄 만들기를 방해한다. 세모로 표시를 한다. ⑦ 한 줄을 먼저 만들면 이기는 것으로 한다.				
유의사항	① 질문과 대답을 언어 규칙에 맞게 자신감 있게 말하도록 격려한다. ② 학생들이 기본 학습의 내용을 정확하게 이해하고 성취감을 얻을 수 있도록 하는 데 본 활동의 진정한 목적이 있다. 따라서 교사가 학생들과의 게임에서 의도적으로 져 주고 칭찬을 많이 해 주는 것이 보다 긍정적이다.				

Jump Up 뛰어 넘어 봅시다

놀이명	즐거운 조사활동	기능	듣기·말하기·읽기·쓰기	형태	짝 활동
목 표	지난여름방학에 한 일을 조사하여 기록할 수 있다.				
사용언어	What did you do ________? I ________.				
준비물	조사 활동지, 필기도구				
활동방법	① 가위, 바위, 보로 순서를 정한 후 지난여름 방학에 한 일을 묻도록 한다. ② 짝의 답변을 활동지에 낱말 혹은 문장으로 자신의 언어적 수준에 맞게 기록하게 한다. ③ 다시 가위, 바위, 보를 한다. 이긴 사람은 질문을, 진 사람은 대답을 하게 한다. ④ 이런 활동 방법을 반복하며 활동지에 결과를 기록하게 한다. ⑤ 가장 많이 조사 결과를 정성껏 기록한 사람이 이긴다.				
유의사항	① 다른 사람에게 피해가 가지 않도록 작은 목소리로 조사 활동을 하도록 한다. ② 가위, 바위, 보를 매번 하도록 함으로써 지루할 수 있는 조사 활동에 게임적 요소를 가미한다.				

세계의 여름 방학

중국은 7월 15일을 전후해서 여름 방학이 시작된다. 9월초에 개학을 한다.

중순이나 말쯤에 방학이 끝난다.

여름 방학은 7월 20일쯤 여름 학기가 끝나면 6주 동안의 긴 여름방학이 시작된다. 그리고 신학기는 9월에 시작한다.

프랑스는 약 3개월의 방학이 있고 봄엔 부활절 방학이 있다.

미국의 여름방학은 약 3개월이다. 대개 5월 말이나 6월 초에 시작하여 8월 말까지이다. 물론 미국에 주(state)에 따른 차이가 이다. 미국의 여름방학이 긴 이유는 현재 미국에 농경지대는 약 2%~5% 정도 밖에 되지 않지만 무려 몇 십 년전만해도 80%가 넘었기 때문이다. 그러나 미국의 겨울 방학은 성탄절 휴가로 대신하거나 매우 짧은 편이다. 많은 미국 가정이 긴 여름 방학을 이용하여 여행을 떠난다. 여행을 떠날 RV(Recreational Vehicle) 차를 이용하는 사람들도 많다. 이 차에는 내부에 에어컨, 침대, 주방, 욕실 등을 갖추고 있어 이동식 주택과 같은 역할을 한다. 많은 미국인들은 이 차를 소유하고 있거나 돈을 내고 빌려서 사용하기도 한다. 미국 아이들은 여름 방학 때 이렇게 부모님들과 함께 여행을 떠나거나 다양한 캠프, 서머 스쿨 등에 참가한다.

Culture Tips 문화 이야기

준비물	CD-ROM	형태	전체
지도 내용	외국의 학생들은 방학 때 어떤 일을 하며 보내는지 이해하기		
활동방법	① 9단원에서 배운 핵심 표현을 정리해 본다. ② 여름 방학 때 어떻게 지냈는지 모국어로 자세하게 발표해 보도록 한다. ③ 동영상을 보면서 외국의 학생들은 대개 방학을 언제 맞이하고, 어떤 일을 하며 보내는지 알아보도록 한다. ④ 겨울 방학은 어떻게 보내고 싶은지 이야기 해 보도록 한다.		
유의사항	문화에 대하여 흑백논리로 '이것은 좋다', '이것은 나쁘다'의 편협한 사고를 갖지 않도록, 다양성을 기반으로 한 포용적인 문화의식을 형성하도록 한다.		

부록
초등영어과 교육과정

1. 추구하는 인간상

우리나라의 교육은 홍익인간의 이념 아래 모든 국민으로 하여금 인격을 도야하고, 자주적 생활 능력과 민주 시민으로서 필요한 자질을 갖추게 하여 인간다운 삶을 영위하게 하고, 민주 국가의 발전과 인류 공영의 이상을 실현하는 데 이바지하게 함을 목적으로 하고 있다.

이러한 교육 이념을 바탕으로, 이 교육과정이 추구하는 인간상은 다음과 같다.

가. 전인적 성장의 기반 위에 개성의 발달과 진로를 개척하는 사람
나. 기초 능력의 바탕 위에 새로운 발상과 도전으로 창의성을 발휘하는 사람
다. 문화적 소양과 다원적 가치에 대한 이해를 바탕으로 품격 있는 삶을 영위하는 사람
라. 세계와 소통하는 시민으로서 배려와 나눔의 정신으로 공동체 발전에 참여하는 사람

2. 초등학교 교육목표

초등학교의 교육은 학생의 학습과 일상생활에 필요한 기초 능력 배양과 기본 생활 습관을 형성하는 데 중점을 둔다.

가. 풍부한 학습 경험을 통해 몸과 마음이 건강하고 균형 있게 자랄 수 있도록 하며, 다양한 일의 세계에 대한 기초적인 이해를 한다.

나. 학습과 생활에서 문제를 인식하고 해결하는 기초 능력을 기르고, 이를 새롭게 경험할 수

있는 상상력을 키운다.

다. 우리 문화에 대해 이해하고, 문화를 향유하는 올바른 태도를 기른다.

라. 자신의 경험과 생각을 다양하게 표현하며 타인과 공감하고 협동하는 태도를 기른다.

3. 목표

오늘날 전 세계는 지구촌이라고 불릴 만큼 국가 간의 교류가 빈번하고 서로 밀접하게 연결되어 있다. 또한 빠르게 변화하는 지식 정보화 사회에서는 개인 생활에서부터 정치, 경제, 사회, 문화 전반에 이르기까지 여러 분야의 다양한 지식과 정보를 이해할 뿐만 아니라, 지식을 생산하고 전달하는 능력까지 요구되고 있다.

이런 환경에서 영어는 국제적으로 가장 널리 쓰이는 언어로서 서로 다른 문화적 배경을 가지고 다른 언어를 사용하는 사람들을 이해하고 이들과 의사소통과 유대를 가능하게 하는 중요한 역할을 하고 있다. 따라서 미래를 살아가야 할 학생들에게 영어로 의사소통할 수 있는 능력은 학교에서 길러야 하는 핵심적인 능력 중의 하나이다. 즉, 세계화와 지식 정보화 시대에 선도적 역할을 수행하기 위해서는 영어를 이해하고 구사하는 능력은 필수적이라고 할 수 있다. 또한 폭넓은 교양 및 문화생활을 영위하는 등 개인 생활의 질을 높이고, 개인의 역량을 강화하기 위해서도 영어 의사소통 능력을 갖추는 것이 필요하다.

초등학교 영어는 일상생활에서 사용하는 기초적인 영어를 이해하고 표현하는 능력을 길러 주는 교과로서 음성 언어를 중심으로 의사소통 능력의 바탕이 되는 언어기능 교육에 중점을 둔다. 문자 언어 교육은 쉽고 간단한 내용의 글을 읽고 쓸 수 있는 내용으로 하되 음성 언어와 연계하여 내용을 구성한다.

초등학교의 영어 교육은 초등학교 학생의 특성을 고려하여야 한다. 초등학교 학생은 호기심이 강하며, 실생활에서 겪는 감각과 경험이 사고와 행동에 깊이 작용한다. 그러므로 초등학교 영어 교과에서의 교수·학습 활동은 학생들의 실생활과 밀접하게 연계된 감각 및 놀이 활동, 찬트와 노래 부르기 등을 주로 하고, 체험 학습을 통하여 발견의 즐거움을 경험할 수 있도록 하는 것이 효과적이다. 또한, 초등학교 학생은 쉽게 배우지만 집중하는 시간이 짧기 때문에 다양한 교수·학습 방법을 적용하고, 멀티미디어 자료와 정보통신기술(ICT) 도구 등 흥미로운 교육 매체를 통해 창의적으로 학습할 수 있도록 한다.

영어 교과는 영어 의사소통 능력을 길러 주는 것이 중요한 목표이지만 인성 교육과 창의성 교육도 중요하므로, 영어 교육을 통해 인성을 함양하고, 시민의식, 공동체 의식을 제고하며, 남을 배려하는 모범적인 시민 의식과 창의적 사고력을 배양시킬 수 있도록 한다. 또한, 외국 문화를 바르게 이해하고 세계인으로서의 자질과 소양을 길러 줄 수 있도록 한다.

영어과 목표는 다음과 같다.

일상생활에 필요한 영어를 이해하고 사용할 수 있는 기본적인 의사소통 능력을 기른다. 또한, 외국 문화를 바르게 이해하여 우리 문화를 발전시키고 외국에 소개할 수 있는 바탕을 마련한다. 이를 위해 첫째, 평생교육으로의 영어에 대한 지속적인 흥미와 자신감을 갖도록 한다. 둘째, 일상생활과 일반적인 화제에 관하여 의사소통할 수 있는 기본 능력을 기른다. 셋째, 외국의 다양한 정보를 이해하고 이를 활용할 수 있는 능력을 기른다. 넷째, 외국 문화를 이해함으로써 우리 문화를 새롭게 인식하고 올바르고 균형 잡힌 태도와 자세를 기른다.

초등학교 영어는 영어에 대한 흥미와 관심을 가지고, 일상생활에서 사용되는 기초적인 영어를 이해하고 표현하는 능력을 기르는 것을 목표로 한다.

가. 영어에 대한 흥미와 기초적인 영어 사용에 대한 자신감을 가진다.

나. 일상생활에서 영어로 기초적인 의사소통을 할 수 있는 능력을 기른다.

다. 영어 학습을 통하여 다른 나라의 관습이나 문화를 이해한다.

4. 내용의 영역과 기준

가. 내용 체계

(1) 언어기능

- 듣기, 말하기, 읽기, 쓰기의 언어 4기능을 점진적으로 함양할 수 있도록 한다. 또한 언어기능을 통합적으로 사용할 수 있는 능력을 기르도록 한다.

언어기능 \ 언어 구분	음성 언어	문자 언어
이해 기능	듣기	읽기
표현 기능	말하기	쓰기

(2) 의사소통 활동

• 의사소통 활동은 음성 언어 활동과 문자 언어 활동으로 이루어진다.

의사소통 활동	내용
음성 언어 활동	· 음성 언어 활동은 【별표 2】의 '의사소통 기능과 예시문'에 제시된 항목을 주로 사용하되, 【별표 4】의 '의사소통에 필요한 언어 형식'에 제시된 항목도 참고
문자 언어 활동	· 문자 언어 활동은 【별표 4】의 '의사소통에 필요한 언어 형식'에 제시된 항목을 주로 사용하되, 【별표 2】의 '의사소통 기능과 예시문'에 제시된 항목도 참고

(3) 언어 재료

• 자연스러운 의사소통 활동을 위하여 아래의 소재, 언어, 어휘, 단일 문장의 길이(초등학교)를 참고한다.

영역	내용
소재	·【별표 1】의 '소재'를 참조하여 적절한 것을 선택하여 사용 · 학생들의 흥미, 필요, 인지적 수준 등을 고려하여 학습 동기를 유발할 수 있는 내용 · 의사소통 기능을 이해하고 활용하는 데 도움이 되는 내용 · 주제, 상황, 과업 등을 고려한 내용 · 상호 작용에 적합한 내용 · 영어권 및 비영어권 문화 이해에 적합한 내용 · 창의성 및 논리적, 비판적 사고력 배양에 도움이 되는 내용
언어	· 자연스러운 언어 습득과 실제적인 의사소통 활동에 도움이 되는 언어 · 일상생활에서 많이 쓰이는 언어 · 학생들의 인지 발달 단계와 수준을 고려한 언어 · 소리와 문자의 관계, 소리와 의미의 식별, 말의 연결, 말의 속도에 따른 음운 변화, 상황에 따른 음운 변화 및 자연스러운 발화 등의 학습에 도움이 되는 언어

어 휘	·각 학년군에서 사용할 수 있는 새로운 어휘 수는 다음과 같다. 초등학교 3~4학년군 : 240 낱말 내외 초등학교 5~6학년군 : 260 낱말 내외 (누계 : 500 낱말 내외) ·【별표 3】의 '기본 어휘 관련 지침과 어휘 목록'에 제시된 내용 참조
단일문장의 길이	·초등학교 3~4학년군 : 7 낱말 이내 ·초등학교 5~6학년군 : 9 낱말 이내 (단, and, but, or, because를 사용하는 경우에는 예외로 한다.)

나. 학년군 성취기준

(1) 초등학교 3~4학년군

(가) 영어의 간단한 소리를 식별하고, 쉽고 간단한 말, 대화, 찬트, 노래, 게임 등을 이해하며, 단순한 과업을 수행한다.

(나) 영어의 간단한 소리를 듣고 말하고, 주변의 친숙한 대상을 낱말과 문장으로 말하며, 학습 활동에 참여하여 간단히 묻고 답한다.

(다) 알파벳을 식별하고, 소리와 철자의 관계를 이해하며, 쉽고 간단한 낱말이나 문장을 따라 읽고, 간단한 낱말과 어구의 의미를 이해한다.

(라) 알파벳 인쇄체 대·소문자를 쓰고, 낱말과 어구를 따라 쓰며, 보고 쓴다.

(2) 초등학교 5~6학년군

(가) 간단한 말이나 대화를 듣고 내용을 이해하며, 전화 대화를 이해하고, 과업을 수행한다.

(나) 간단한 말이나 대화를 듣고 내용에 맞게 말하며 내용에 관해 묻고 답하고, 전화로 대화하며 상황에 맞게 지시하거나 요청한다.

(다) 쉽고 간단한 어구, 문장, 글을 소리 내어 읽고 의미를 이해하며, 쉽고 짧은 글의 주요 내용을 이해한다.

(라) 알파벳과 구두점을 바르게 쓰고, 쉽고 간단한 낱말과 어구를 쓰며, 자신이나 가족 등에 관해 예시문을 참고하여 짧고 간단한 글을 쓴다.

다. 영역 및 학습내용 성취기준

(1) 초등학교 3~4학년군

(가) 듣기

① 소리를 식별한다.

①-1. 알파벳과 낱말의 소리를 듣고 식별한다.

①-2. 영어의 소리와 강세, 리듬, 억양을 듣고 식별한다.

② 낱말이나 대화 내용을 이해한다.

②-1. 주변의 친숙한 낱말을 듣고 의미를 이해한다.

②-2. 일상생활에 사용되는 쉽고 친숙한 표현을 듣고 이해한다.

②-3. 일상생활에 관한 간단한 대화를 듣고 이해한다.

②-4. 주변의 사물과 사람에 관한 쉽고 간단한 말을 듣고 이해한다.

②-5. 지나간 일에 관한 간단한 말을 듣고 이해한다.

③ 찬트, 노래, 게임의 중심 표현을 이해한다.

③-1. 쉽고 간단한 찬트나 노래를 듣고 중심 표현을 이해한다.

③-2. 쉽고 간단한 게임이나 놀이를 통해 중심 표현을 이해한다.

④ 과업을 수행한다.

④-1. 쉽고 간단한 지시, 명령을 듣고 행동한다.

④-2. 쉽고 간단한 말을 듣고 단순한 과업을 수행한다.

(나) 말하기

① 소리를 따라 말한다.

①-1. 알파벳과 낱말의 소리를 듣고 따라 말한다.

①-2. 영어의 강세, 리듬, 억양에 맞게 따라 말한다.

② 낱말이나 문장을 말한다.

②-1. 실물이나 그림을 보고 낱말이나 한 문장으로 말한다.

②-2. 주변의 사물과 사람에 관해 한두 문장으로 말한다.

②-3. 한두 문장으로 지시하거나 명령을 한다.

②-4. 쉽고 친숙한 일상 표현을 한다.

③ 말하거나 묻고 답한다.

③-1. 한두 문장으로 자기소개를 한다.

③-2. 일상생활에 관해 쉽고 간단한 표현으로 묻고 답한다.

③-3. 지나간 일에 관해 간단히 말한다.

④ 찬트나 노래, 게임을 한다.

④-1. 쉽고 간단한 게임이나 놀이에 참여하여 말한다.

④-2. 쉽고 간단한 찬트나 노래를 강세, 리듬, 억양에 맞게 부른다.

(다) 읽기

① 알파벳을 읽는다.

①-1. 알파벳 인쇄체 대·소문자를 식별하여 읽는다.

② 소리와 철자의 관계를 이해하고 낱말을 읽는다.

②-1. 소리와 철자의 관계를 이해한다.

②-2. 소리와 철자의 관계를 바탕으로 쉬운 낱말을 읽는다.

③ 어구나 문장을 읽는다.

③-1. 쉽고 간단한 낱말이나 어구를 따라 읽는다.

③-2. 들은 것과 일치하는 낱말이나 어구를 찾아 읽는다.

③-3. 쉽고 간단한 문장을 따라 읽는다.

③-4. 쉽고 간단한 낱말이나 어구를 소리 내어 읽는다.

④ 낱말이나 어구의 의미를 이해한다.

④-1. 그림, 실물, 동작 등을 통해 쉽고 간단한 낱말을 읽고 의미를 이해한다.

④-2. 쉽고 간단한 낱말이나 어구를 읽고 의미를 이해한다.

(라) 쓰기

① 알파벳을 쓴다.

①-1. 알파벳 인쇄체 대·소문자를 쓴다.

② 낱말이나 어구를 쓴다.

②-1. 구두로 익힌 낱말을 따라 쓴다.

②-2. 짧고 쉬운 낱말이나 어구를 따라 쓰고 보고 쓴다.

②-3. 그림, 실물, 동작 등을 나타내는 낱말이나 어구를 완성하여 쓴다.

(2) 초등학교 5~6학년군

(가) 듣기

① 중심 내용을 이해한다.

①-1. 실물이나 그림에 관한 설명을 듣고 이해한다.

①-2. 앞으로 일어날 일에 관한 간단한 말이나 대화를 듣고 이해한다.

①-3. 대상을 비교하는 쉬운 말이나 대화를 듣고 이해한다.

①-4. 간단한 말이나 대화를 듣고 의도나 목적을 이해한다.

② 세부 내용을 이해한다.

②-1. 그림이나 도표에 관한 쉽고 간단한 말이나 대화를 듣고 세부 내용을 이해한다.

②-2. 일상생활에 관한 간단한 말이나 대화를 듣고 세부 내용을 이해한다.

③ 전화 대화를 이해한다.

③-1. 전화 대화에 필요한 기초적인 표현을 듣고 이해한다.

③-2. 간단한 전화 대화를 듣고 이해한다.

④ 과업을 수행한다.

④-1. 간단한 묘사나 설명을 듣고 과업을 수행한다.

④-2. 일상생활에 관한 간단한 말이나 대화를 듣고 과업을 수행한다.

(나) 말하기

① 중심 내용을 말한다.

①-1. 주변의 친숙한 대상에 관해 간단히 말한다.

①-2. 단순한 그림이나 상황을 보고 간단히 말한다.

①-3. 일상생활에 관한 간단한 말이나 대화를 듣고 중심 내용을 묻고 답한다.

② 세부 내용을 묻고 답한다.

②-1. 일상생활에 관해 간단히 이유를 묻고 답한다.

②-2. 앞으로 일어날 일에 관해 간단히 묻고 답한다.

②-3. 일상생활에 관한 간단한 말이나 대화를 듣고 세부 내용을 묻고 답한다.

③ 전화 대화를 한다.

③-1. 전화 대화에 필요한 기초적인 표현을 한다.

③-2. 간단한 전화 대화를 한다.

④ 지시하거나 요청한다.

④-1. 두세 개의 연속된 문장으로 지시하거나 명령한다.

④-2. 쉽고 간단한 표현을 사용하여 상황에 맞게 요청한다.

(다) 읽기

① 소리 내어 읽는다.

①-1. 쉽고 간단한 문장을 강세, 리듬, 억양에 맞게 소리 내어 읽는다.

①-2. 일상생활에 관한 짧고 쉬운 글을 소리 내어 읽는다.

② 문장을 읽고 이해한다.

②-1. 주변의 친숙한 대상의 이름이나 표지판 등을 읽고 이해한다.

②-2. 쉽고 간단한 문장을 읽고 이해한다.

③ 글의 내용을 이해한다.

③-1. 그림이나 도표가 포함된 쉽고 간단한 글을 읽고 이해한다.

③-2. 일상생활에 관한 짧고 쉬운 글을 읽고 이해한다.

③-3. 개인생활을 소개하는 짧고 쉬운 글을 읽고 이해한다.

③-4. 쉬운 이야기를 읽고 줄거리를 이해한다.

(라) 쓰기

① 철자법에 맞게 쓴다.

①-1. 문장 안에서 인쇄체 대·소문자를 바르게 쓴다.

①-2. 문장 안에서 구두점을 바르게 쓴다.

② 낱말이나 어구를 쓴다.

②-1. 소리와 철자의 관계를 바탕으로 쉬운 낱말을 듣고 쓴다.

②-2. 실물, 그림, 도표를 보고 쉽고 간단한 낱말이나 어구를 쓴다.

②-3. 주어진 낱말이나 어구를 넣어 간단한 문장을 완성한다.

③ 문장이나 짧은 글을 쓴다.

③-1. 실물, 그림, 도표를 보고 한두 문장으로 쓴다.

③-2. 예시문을 참고하여 간단한 초대, 감사, 축하 등의 짧은 글을 쓴다.

③-3. 자신이나 가족 등에 관해 짧고 간단하게 쓴다.

5. 초등학교 교수·학습 방법

가. 교수·학습 계획

(1) 교수·학습 계획의 방향

(가) 교육과정을 기반으로 학습 목표와 내용에 맞도록 교수·학습 계획을 수립한다.

(나) 영어 학습에 대한 학생들의 동기를 유발하고 흥미와 자신감을 기를 수 있도록 교수·학습 계획을 수립한다.

(다) 학생들의 영어사용능력 및 인지적, 정의적 특성에 있어서의 개인차를 함께 고려한 교수·학습 계획을 수립한다.

(라) 학생 중심의 과업 및 체험 학습을 통해 자기 주도적 학습이 이루어지도록 교수·학습 계획을 수립한다.

(마) 의사소통능력 신장, 창의성 계발 및 인성교육이 함께 이루어지도록 교수·학습 계획을 수립한다.

(2) 교수·학습 계획의 단계

(가) 교육과정에 제시된 교육목표와 성취기준을 검토하고, 수업시간에 학습할 구체적인 학습 목표를 설정한다.

(나) 학습 내용(언어적 요소, 의사소통적 요소, 문화적 요소 등)을 분석하고 학생 특성에 맞는 교재를 재구성할 수 있도록 교수·학습 계획을 수립한다.

(다) 학습자 요인과 학습 환경 요인(학생 수, 교실의 크기, 교실 구조, 교수·학습 기자재, 교수·학습 자료 등)을 파악한다.

(라) 출발점 행동, 학습활동 수행과정, 학습목표 달성 여부 등을 진단하거나 점검하기 위한 평가 방법을 결정한다.

(마) 교수·학습을 효과적이고 일관성 있게 수행하기 위하여 교수·학습 과정안을 작성한다. 교수·학습 과정안은 다음 사항을 포함할 수 있다.

① 교수·학습의 대상과 시기

② 교수·학습의 목표

③ 교수·학습 내용: 언어기능, 의사소통 활동, 언어 형식, 소재(필요시 문화도 포함)

④ 교수·학습 자료: 교과용도서, 수준별 교수·학습자료, 시청각 자료 등

⑤ 교수·학습 활동 및 절차: 교수·학습 목표와 학습 내용에 적합한 구체적 학습 절차 및 학습 활동, 활동별 시간 배분

⑥ 평가 방법 및 지도상의 유의점

(3) 교수·학습 계획상의 유의점

(가) 교수·학습에 사용되는 언어와 과업에 있어서는 진정성 있는 언어와 유의미한 과업이 선정되도록 한다.

(나) 학습 동기 유발 방법, 활동 유형(개인, 짝, 모둠, 전체), 학생 중심 수업활동, 수업 내용 확

인 활동 등이 포함되도록 한다.

(다) 의사소통능력 신장, 창의성 계발 및 인성교육이 함께 이루어질 수 있도록 유의한다.

(라) 기자재를 수업에 활용하고자 할 때에는 학습의 효율성이 극대화되도록 한다.

나. 교수·학습 방법

(1) 교수·학습 방법 선정의 방향

(가) 학습 목표와 내용에 적절한 교수·학습 방법을 선정한다.

(나) 학생들의 실제 언어 사용능력을 배양할 수 있는 교수·학습 방법을 선정한다.

(다) 학생의 영어사용능력, 인지적·정의적 특성, 학습유형 및 전략 등을 고려하여 다양한 학생 중심의 교수·학습 방법을 선정한다.

(라) 단일 언어기능에 대한 교수·학습 방법뿐만 아니라 두 가지 이상의 언어기능을 연계하는 교수·학습 방법을 선정함으로써 실제적이고 통합적인 영어사용능력을 신장하도록 한다.

(마) 학생들이 협력하여 과제를 해결하는 경험을 많이 가지도록 유도하고, 타인에 대한 배려와 나눔의 실천 등 인성교육을 강화할 수 있는 방법도 고려하여 선정한다.

(바) 영어권 및 비영어권의 다양한 문화를 이해할 수 있는 교수·학습 활동을 구안한다.

(사) 교수·학습 내용 등의 성격에 따라 교수·학습 방법의 선정 과정에 학생들을 참여시켜 창의적인 활동을 도출하고, 학습 흥미와 학습 동기 유발을 도모한다.

(아) 필요한 경우 타 교과와 연계·활용할 수 있는 교수·학습 방법을 선정한다.

(2) 교수·학습 방법

(가) 듣기

① 영어 음소를 식별할 수 있도록 지도한다.

② 노래, 찬트 등을 활용하여 영어의 강세, 리듬, 억양 등에 자연스럽게 익숙해지도록 지도한다.

③ 음소, 낱말, 어구, 억양과 같은 구성 요소를 고려하여 의미를 파악하도록 지도한다.

④ 영어 학습 초기에는 듣고 행동으로 반응하기, 듣고 지시대로 과업 수행하기, 듣고 필요한

정보 찾기 등의 활동을 통해 듣기에 집중하도록 지도한다.

⑤ 대화가 일어나는 상황, 전후 관계, 배경 지식 등을 활용하여 의미를 파악하도록 지도한다.

⑥ 효율적 듣기 활동을 위해 듣기 전 활동, 듣기 중 활동, 듣기 후 활동으로 나누어 단계별로 지도할 수 있다.

(나) 말하기

① 영어 음소를 바르게 소리 낼 수 있도록 지도한다.

② 노래, 찬트 등을 통하여 영어의 강세, 리듬, 억양을 자연스럽게 익힐 수 있도록 지도한다.

③ 듣고 따라 말하기, 묻고 답하기 등의 활동을 통해 듣기와 말하기 활동이 자연스럽게 연계되도록 지도한다.

④ 말뭉치(chunk) 표현 등을 활용하여 의미 전달 능력을 기르도록 지도한다.

⑤ 게임, 역할놀이 등의 활동을 통해 유창성을 기르도록 지도한다.

⑥ 의사소통에 지장을 주지 않는 한 교사의 즉각적인 오류 수정을 피하고, 가급적 학생 스스로 오류를 발견하고 수정할 수 있도록 지도한다.

(다) 읽기

① 영어 학습 환경 및 학생의 읽기 수준을 고려하여 듣기, 말하기 활동과 연계하여 지도한다.

② 알파벳 순서대로 배열하기, 알파벳 대·소문자 짝짓기, 알파벳 노래 부르기 등의 다양한 활동을 통해 알파벳을 자연스럽게 익히도록 지도한다.

③ 읽기 학습의 초기 단계에는 소리와 철자의 관계를 자연스럽게 익혀 문자 언어에 익숙해지도록 지도한다.

④ 음성 언어로 익힌 간단하고 친숙한 어휘, 자주 사용되는 기능어 등을 시각 어휘(sight word)로 익히도록 지도한다.

⑤ 문자 언어 친숙도가 높아짐에 따라 다양한 자료를 활용하여 읽기의 즐거움을 느낄 수 있도록 지도한다.

⑥ 효율적 읽기 활동을 위해 읽기 전 활동, 읽기 중 활동, 읽기 후 활동으로 나누어 단계별로

지도할 수 있다.

(라) 쓰기

① 쓰기는 듣기, 말하기, 읽기와 연계하여 지도한다.

② 베껴 쓰기, 보고 쓰기, 듣고 쓰기 등의 다양한 활동을 통해 알파벳 인쇄체 대·소문자를 바르게 쓸 수 있도록 지도한다.

③ 초기에는 철자 및 구두점 등을 지도하고, 점차 의미 전달에 중점을 두어 지도한다.

④ 다양한 쓰기 과제를 활용하여 학생의 쓰기 능력을 향상시키고, 흥미와 자신감을 증진하도록 한다.

⑤ 학습 목표와 학생 수준을 고려하여 통제 쓰기 활동, 유도 쓰기 활동, 자유 쓰기 활동을 단계별로 지도한다.

㉮ 통제 쓰기 활동에는 알파벳이나 낱말, 문장 베껴 쓰기, 소리와 철자의 관계에 맞게 첫소리 쓰기, 예시문을 읽고 그림에 맞게 빈칸에 낱말 채워 쓰기, 그림에 맞게 주어진 낱말을 배열하여 문장 완성하기 등이 있다.

㉯ 유도 쓰기 활동은 예시문을 읽고 상황에 맞게 학생이 글을 완성하는 활동으로 학생 수준에 맞는 어휘 등을 제공하여 초대장이나 감사 편지 쓰기 등을 할 수 있다.

㉰ 자유 쓰기 활동은 학생들의 자유로운 글쓰기를 유도하는 활동으로 의미를 표현하는데 비중을 두는 일기 쓰기 등이 있다.

⑥ 효율적 쓰기 활동을 위해 쓰기 전 활동, 쓰기 중 활동, 쓰기 후 활동으로 나누어 단계별로 지도할 수 있다.

(마) 어휘 및 언어 형식

① 어휘는 가급적 실물, 그림, 동작, 멀티미디어 자료 등 다양한 자료를 활용하여 의미를 이해하도록 지도하고, 사전 등을 이용하여 뜻을 찾는 방법도 지도한다.

② 언어 형식은 의사소통 활동의 맥락에서 실제적으로 사용되는 기회를 통해 자연스럽게 익혀나가도록 지도한다.

③ 노래, 찬트, 게임 등의 다양하고 흥미로운 활동을 통해 어휘와 언어 형식을 자연스럽게 익히도록 지도한다.

(바) 문화

① 다양한 문화에 대한 바른 인식과 존중하는 태도를 기르도록 지도한다.

② 놀이와 체험 중심의 문화 학습 활동을 통해 다양한 문화에 대해 이해하도록 지도한다.

③ 정보통신기술 및 기타 다양한 교수·학습 자료 등을 활용하여 영어권 및 비영어권 문화 자료를 학생 스스로 탐색하면서 다양한 문화를 이해하도록 지도한다.

(3) 교수·학습 운영상의 유의점

(가) 학생들이 학습목표에 도달할 수 있도록 지도하되, 학생들의 능력이나 수준 등을 고려하여 다양한 학습의 기회와 방법을 제공한다.

(나) 교사 중심의 활동보다는 교사와 학생, 학생과 학생 간 상호작용이 활발히 일어나도록 한다.

(다) 다양한 모둠별 협동·협력학습을 통하여 학생들이 과업을 수행해 나가면서 영어의사소통 활동에 많이 참여할 수 있도록 한다.

(라) 개별 학습 및 모둠 학습을 적절히 활용하여 학생들이 자기 주도적 학습 태도와 협력학습 태도 및 나눔과 배려의 공동체 의식을 기를 수 있도록 지도한다.

(마) 학교 여건에 따라 영어 지도 교사 간에 협의를 통하여 학습 내용을 분석한 후 기본학습, 심화학습, 보충학습 등에 필요한 요소를 추출하여 지도할 수 있다.

(바) 학교 실정에 따라 수준별 수업을 운영할 수 있다.

(사) 영어로 진행하는 영어 수업을 학생들의 언어 능력 수준에 맞게 점진적으로 확대한다.

(아) 초등학교 3, 4학년에서는 찬트, 노래, 게임, 역할놀이 등을 활용한 쉽고, 재미있는 교수·학습방법을 많이 적용하고, 초등학교 5, 6학년에서는 보다 다양한 의사소통 중심의 교수·학습 방법의 비중을 늘려 나가도록 한다.

(자) 찬트, 노래 등을 활용할 때는 영어의 강세, 리듬, 억양 등이 자연스럽게 습득되도록 유

의한다.

(차) 게임 및 역할놀이 등의 활동 중심 수업에서는 흥미 유발과 언어 학습이 동시에 이루어질 수 있도록 한다.

다. 교수·학습 자료

(1) 교수·학습 자료의 개발 방향

(가) 교수·학습 활동의 효율적 수행에 필요한 자료를 구안한다.

(나) 학생들의 학습동기 유발과 흥미 유지를 고려한 자료를 구안한다.

(다) 학생들의 학습 유형 및 전략 등을 고려한 자료를 구안한다.

(라) 학생들의 영어사용능력 및 인지 수준 등을 고려한 수준별 자료를 구안한다.

(마) 인성교육을 위하여 건전한 인성 함양에 도움이 되는 자료를 구안한다.

(바) 과업 중심의 의사소통 활동과 자기 주도적 학습을 촉진할 수 있는 자료를 구안한다.

(사) 의사소통능력 신장을 위해 교수·학습의 단계별로 적합한 교수·학습 자료를 구안한다.

(아) 학급 규모 등에 따라 효과적으로 사용할 수 있는 자료를 구안한다.

(2) 교수·학습 자료 활용 방법 및 활용상의 유의점

(가) 구안한 자료를 교수·학습 상황에 맞추어 효과적으로 활용한다.

(나) 선정된 자료를 교수·학습의 필요에 따라 수정 및 보완한다.

(다) 수준별 교수·학습 활동을 실시할 경우, 다양한 교수·학습 자료를 활용하도록한다.

(라) 교수·학습 자료의 성격 등에 따라 학생이 자료 선정 및 개발 과정에 참여하게함으로써 학습 동기를 유발하고, 학습 참여도를 촉진한다.

(마) 구안 및 개발한 동일 자료를 다양한 학습 활동에 활용하여 활용도를 높인다.

(바) 교수·학습 자료 활용시 학습 활동의 다양성과 연계성을 고려하고, 자료에 지나치게 의존하지 않도록 한다.

6. 초등학교 평가

가. 평가 계획

(1) 평가 계획의 방향

(가) 영어과 평가의 원리를 반영하여 평가 계획을 세운다.

(나) 평가 목적을 달성하고 그 효과를 극대화하기 위해 사전에 준비하고 계획한다.

(다) 교수·학습 활동과 평가를 연계하여 학습 과정과 성취기준 도달 여부를 평가하되 과정 평가 중심으로 계획한다.

(2) 평가 계획의 방법

평가 계획서는 다음과 같은 사항을 포함할 수 있다.

(가) 평가의 목적

(나) 평가의 대상과 시기

(다) 평가의 내용(언어기능, 의사소통기능, 주제, 소재 등)

(라) 평가 방법(분리평가와 통합평가의 비율, 선택형과 서답형의 비율 등)

(마) 평가 세부 사항

① 문항 수

② 언어 형태(음성 언어, 문자 언어)

③ 배점 및 시간

④ 평가 기법(각 언어기능별로 구체적인 평가 기법)

⑤ 수행에 대한 평가 기준(채점 척도와 각 척도에 대한 설명)

(바) 평가 시행 절차

(사) 채점 방법과 절차

(아) 평가 결과 보고 방법과 절차

(3) 평가 계획상의 유의점

(가) 학습의 과정과 결과를 모두 평가하여 교육의 목표 달성 여부와 정도를 효과적으로 알 수 있도록 계획한다.

(나) 동일한 평가에 관한 기존의 결과분석 자료 등을 평가 계획 수립에 참고한다.

나. 평가 목표와 내용

(1) 평가 목표 수립과 내용 선정의 방향

(가) 평가 목표와 내용은 교육과정에서 제시한 교육목표와 성취기준에 바탕을 두도록한다.

(나) 의사소통능력을 적정하게 평가할 수 있도록 평가 목표를 수립하고 내용을 선정하여 내용타당도를 높인다.

(2) 평가 내용 선정 상의 유의점

(가) 평가 내용에 포함될 언어와 과업은 진정성 있는 것을 선정하되, 학생의 수준 등을 고려하여 재구성할 수 있다.

(나) 학생의 언어 지식, 배경 지식, 의사소통 책략 등이 복합적으로 활발한 상호작용을 할 수 있는 평가 내용을 선정한다.

(다) 영어 학습에 대한 긍정적 태도를 가지며 자기 주도적인 학습이 이루어질 수 있는 평가 내용을 선정한다.

다. 평가 방법

(1) 평가 방법 선정의 방향

(가) 평가의 목적과 종류, 학생의 수준에 따라 적절한 평가 방법을 사용한다.

(나) 학생의 의사소통능력을 효과적으로 측정할 수 있도록 다양한 평가 방법을 사용한다.

(다) 언어 및 의사소통 전략 등을 활용할 수 있는 평가 방법을 사용한다.

(라) 표현기능(말하기, 쓰기) 평가는 수행 평가를 통해 가급적 직접 평가 방법을 활용한다.

(마) 학생의 통합적인 영어 능력을 신장시킬 수 있도록 듣기, 말하기, 읽기, 쓰기의 개별 기능에 대한 평가뿐 아니라 두 가지 이상의 기능을 통합한 평가도 학생 수준을 고려하여 적절히 실시한다.

(2) 평가 절차

평가 절차는 학교 실정에 따라 다음과 같이 실시할 수 있다.

(가) 평가의 시행은 평가계획서에 제시된 방법과 절차를 따른다.

(나) 문항 초안을 작성한 후에는 동료교사 등의 검토를 받아 수정하고 보완할 수 있다.

(다) 학생이 평가의 세부 절차와 유의사항을 분명히 알 수 있도록 사전에 명확하게 안내한다.

(라) 수행평가의 채점은 사전에 준비된 채점 기준과 척도에 근거해서 해야 하고, 사전에 학생이 알 수 있도록 제시한다.

(3) 평가 방법상의 유의점

(가) 평가를 통하여 학생들의 학습 참여도와 집중도를 높이고, 평가를 교수·학습의 효과를 높이는 수단으로 활용한다.

(나) 말하기 및 쓰기와 같은 언어 표현 능력을 평가하고자 할 때에는 가급적 수행 평가를 실시한다.

(다) 다양한 유형의 과제와 적절한 난이도의 문항을 통하여 학생의 수행 정도와 범위를 평가한다.

라. 평가의 활용

(1) 평가 활용의 방향

(가) 평가의 활용은 평가의 목적과 종류에 따라 그 활용도가 다를 수 있으나, 영어과 교수·학습의 개선에 기여하는 방향으로 활용토록 한다..

(나) 평가를 하는 과정에서 학생이 자신의 성취도에 대해 인식하며 자극을 받고 학습 동기가 유발될 수 있도록 한다.

(다) 평가 결과에 대해 학생에게 알려줌으로써, 부족한 부분에 대한 보충 및 심화학습이 이루어지도록 한다.

(2) 평가 활용의 방법

(가) 진단 평가를 통하여 학생의 수준을 진단한 후 그 결과를 활용하여 학습 내용을 재구성하거나 적합한 교수·학습 방법을 적용한다.

(나) 형성 평가를 통하여 교수·학습 방법이 적절한지 확인하고, 그 결과를 교수·학습 방법 개선 자료로 활용한다.

(다) 상시적 과정 평가와 총괄적 성취도 평가를 균형 있게 시행한다.

(라) 평가의 결과는 차후 평가계획 수립에 반영하고, 교사의 교수·학습 개선 및 학생의 개별 지도 등에 활용하도록 한다.

(3) 평가 활용상의 유의점

(가) 평가 결과를 해석할 때는 학생 개인의 성적 변화, 시험 및 문항 분석 결과, 학교전체의 성적 및 예년과 비교한 경향 등을 포함하여 해석할 수 있다.

(나) 평가 결과를 알려줄 때 학생의 장점을 중심으로 하여, 학습동기와 의욕을 높일수 있도록 한다.

마. 언어기능별 평가

〈듣기〉

(1) 듣기 평가의 방법

(가) 듣기 평가의 내용과 수준은 교육과정의 성취기준을 근거로 선정한다.

(나) 듣기 능력을 측정할 수 있는 다양한 과업을 통해 평가한다.

(다) 평가 목적과 대상, 방법에 따라 음절, 낱말, 어구, 문장, 문단 등 적절한 수준의 문자언어 재료를 사용한다.

(라) 사실적 이해 문항을 주로 평가하되 학생의 수준에 따라 추론적 이해 문항도 포함시킨다.

(마) 선택지의 언어 형태(음성 언어, 문자언어), 제시 순서(듣기 전 또는 후) 등은 평가 목적과 대상, 내용에 따라 적절하게 선택한다.

(2) 듣기 평가상의 유의점

(가) 입력 언어를 제시할 때는 일관성을 위해서 가급적 녹음 자료를 사용하고, 교사가 직접 제시할 때도 일관성을 유지하도록 노력한다.

(나) 듣기 평가를 위한 대본은 대화, 이야기 등의 실제적인 음성 언어 자료를 활용하되, 학생의 수준 등을 고려하여 재구성할 수 있다.

(다) 말의 속도는 평가 목적과 대상에 따라 적절히 조절하고, 가급적 자연스러운 속도로 평가를 실시한다.

(라) 영어로 선택지를 줄 경우에 선택지의 길이나 난이도 등이 듣기 능력 측정에 영향을 주지 않도록 한다.

〈말하기〉

(1) 말하기 평가의 방법

(가) 말하기 평가의 내용과 수준은 교육과정의 성취기준을 근거로 선정한다.

(나) 말하기 능력을 발현시키고 측정할 수 있는 다양한 발화 도출 기법을 사용한다.

(다) 말하기 평가는 수시 관찰 평가나, 수행평가로 할 수 있다.

(라) 말하기 평가 채점은 현장에서 채점하거나 녹음하여 추후 채점할 수 있다.

(마) 말하기 평가를 위한 채점 척도는 말하기 평가 원리에 의한 척도를 응용하거나, 과업에 고유한 척도를 별도로 만들어 사용할 수 있다.

(2) 말하기 평가상의 유의점

(가) 평가 실시 전에 학생이 해당 평가 유형에 맞는 연습할 기회를 주도록 한다.

(나) 과업의 성격 등을 고려하여, 학생에게 발화를 위한 준비 시간을 적절히 준다.

(다) 발음 등 일부 요소에 대한 인상이 다른 요소의 채점에 영향을 미치지 않도록 유의한다.

(라) 편안하고 우호적인 분위기 속에 가급적 충분한 시간을 주어 학생이 자신의 역량을 최대한 발휘하도록 돕는다.

〈읽기〉

(1) 읽기 평가의 방법

(가) 읽기 평가의 내용과 수준은 교육과정의 성취기준을 근거로 선정한다.

(나) 읽기 능력을 측정할 수 있는 다양한 과업을 통해 평가한다.

(다) 평가 목적과 대상, 방법에 따라 문자, 낱말, 어구, 문장, 문단 등 적절한 수준의 문자언어 재료를 사용한다.

(라) 사실적 이해 능력을 평가하는 문항을 주로 제작하되 평가 대상에 따라 추론적 이해 문항도 포함시킬 수 있다.

(마) 읽기 평가에서 문법요소를 직접 측정하는 것은 지양한다.

(바) 어휘에 대한 평가는 맥락 속에서 낱말의 의미를 이해하는 능력을 중심으로 평가한다.

(2) 읽기 평가상의 유의점

(가) 알파벳, 낱말, 어구, 문장, 문단을 바르게 소리 내어 읽고 의미를 이해하는 정도를 측정한다.

(나) 교과서의 학습 내용과 유사한 수준의 글을 사용할 것을 권장한다,

(다) 교과서에 있는 언어 재료를 사용할 경우 적절히 변형하여 사용할 수 있다.

(라) 영어로 선택지를 줄 경우에 선택지의 길이나 난이도 등이 읽기 능력 측정에 영향을 주지 않도록 한다.

〈쓰기〉

(1) 쓰기 평가의 방법

(가) 쓰기 평가의 내용과 수준은 교육과정의 성취기준을 근거로 선정한다.

(나) 쓰기 능력을 발현시키고 측정할 수 있는 다양한 쓰기 기법을 사용한다.

(다) 쓰기 평가를 위한 채점 척도는 일반 쓰기 평가 원리에 의한 척도를 응용하거나, 과업에 고유한 척도를 별도로 만들어 사용할 수 있다.

(2) 쓰기 평가상의 유의점

(가) 평가 실시 전에 학생이 해당 평가 유형에 맞는 연습을 할 기회를 적절히 주도록한다.

(나) 과업의 성격상 필요하면 학생에게 쓰기를 위한 준비 시간을 적절히 준다.

(다) 문법이나 기술적인 사항 등 일부 요소에 대한 인상이 다른 요소의 채점에 영향을 미치지 않도록 유의한다.

바. 언어기능 통합 평가

(1) 언어기능 통합 평가의 방법

(가) 듣기, 읽기, 말하기, 쓰기의 개별 언어기능의 평가와 더불어 언어기능을 통합한 평가를 적절히 실시한다.

(나) 언어기능의 통합 평가는 교수·학습 과정에서 통합적 과업을 수행하도록 하면서 관찰평가, 자기평가, 학생상호평가 등 다양한 방법으로 평가할 수 있다.

(다) 언어기능 통합평가는 교과목 수준과 학생 수준에 따라서 기능 통합의 정도를 조절하여 실시한다. 초등학교 통합평가의 예는 다음과 같다.

① 듣고 말하기: 듣고 따라 말하기, 질문 듣고 답하기, 짧고 쉬운 내용을 들은 대로 말하기, 회상해서 말하기, 들은 내용에 대해 자신의 의견이나 느낌을 간단히 말하기

② 듣고 쓰기: 낱말 받아쓰기, 부분 받아쓰기, 전체 받아쓰기, 짧고 쉬운 내용을 듣고 회상해서 쓰기, 들은 내용에 대해 자신의 의견이나 느낌을 짧게 쓰기

③ 읽고 말하기: 짧고 쉬운 내용을 읽고 그대로 말하기, 읽은 내용을 회상해서 말하기, 읽은 내용에 대해 자신의 의견이나 느낌을 간단히 말하기

④ 읽고 쓰기: 짧고 쉬운 내용을 읽고 그대로 쓰기, 약간 변형하여 쓰기, 읽은 내용에 대해 자신의 의견이나 느낌을 짧게 쓰기

⑤ 말하고 쓰기: 그림이나 실물에 관해 먼저 말하고 문장이나 짧은 글로 쓰기, 조사활동을

하고 그 결과를 문장이나 짧은 글로 쓰기

⑥ 쓰고 말하기: 그림이나 실물에 관해 먼저 문장이나 짧은 글로 쓰고, 이를 발표 형식으로 간단히 말하기, 조사활동 결과를 짧게 쓰고 이를 발표 형식으로 간단히 말하기

(2) 언어기능 통합 평가상의 유의점

(가) 언어기능 통합 평가를 통해 각 기능은 연계된 것임을 학생들이 알도록 한다.

(나) 통합적 언어기능 사용의 중요성을 학생들이 알도록 지도한다.

7. 【별표】영역

가. 【별표 1】

소 재

일상생활과 친숙한 일반적인 화제를 중심으로, 학생들이 관심을 가지고 흥미를 느낄 수 있는 소재를 선택하되, 학생들의 의사소통 능력, 탐구 능력, 문제해결 능력 및 창의력을 기르는데 도움이 되는 내용으로 한다.

1. 개인생활에 관한 내용
2. 가정생활과 의식주에 관한 내용
3. 학교생활과 교우 관계에 관한 내용
4. 사회생활과 대인 관계에 관한 내용
5. 취미, 오락, 여행, 건강, 운동 등 여가 선용에 관한 내용
6. 동·식물 또는 계절, 날씨 등 자연 현상에 관한 내용
7. 영어 문화권에서 사용되는 다양한 의사소통 방식에 관한 내용
8. 다양한 문화권에 속한 사람들의 일상생활에 관한 내용
9. 우리 문화와 다른 문화의 언어적, 문화적 차이에 관한 내용
10. 우리의 문화와 생활양식을 소개하는 데 도움이 되는 내용

11. 공중도덕, 예절, 협력, 배려, 봉사, 책임감 등에 관한 내용
12. 환경 문제, 자원과 에너지 문제, 기후 변화 등 환경 보전에 관한 내용
13. 문학, 예술 등 심미적 심성을 기르고 창의력, 상상력을 확장할 수 있는 내용
14. 인구 문제, 청소년 문제, 고령화, 다문화 사회, 정보 통신 윤리 등 변화하는 사회에 관한 내용
15. 진로 문제, 직업, 노동 등 개인 복지 증진에 관한 내용
16. 민주 시민 생활, 인권, 양성 평등, 글로벌 에티켓 등 민주 의식 및 세계 시민 의식을 고취하는 내용
17. 애국심, 평화, 안보 및 통일에 관한 내용
18. 정치, 경제, 역사, 지리, 수학, 과학, 교통, 정보 통신, 우주, 해양, 탐험 등 일반교양을 넓히는 데 도움이 되는 내용
19. 인문학, 사회 과학, 자연 과학, 예술 분야의 학문적 소양을 기를 수 있는 내용

나. 【별표 2】

의사소통 기능과 예시문

·아래에 제시된 의사소통 기능과 예시문을 음성 언어 활동 및 문자 언어 활동의 필요에 따라 선별하여 활용할 것을 권장하며, 그 밖의 기능이나 문장도 사용할 수 있다.
·△로 표시된 예시문은 초등학교에서 사용하기를 권장한다.
·( ) 안에 제시된 낱말이나 구는 생략이 가능한 것을 나타낸다.
·X, Y 또는 ...은 상황에 맞게 쓸 수 있는 낱말이나 구를 나타낸다.

1. 정보 전달하기와 요구하기

1.1. (정체) 확인하기와 상술하기

△That's/It's/They're ... .
△Is this your ... ?
The man over there is Mr. Kim.
The small one (with the blue buttons).
Ms. Anderson is the owner of the restaurant.

1.2. 진술하기와 보고하기

△My sister is a nurse/... .
△It's on the right/left.
△I'm taller than ... .
She runs as fast as ... .
△I met ... (yesterday).

There is a store on the corner.

The train has left.

△They will ... .

He said the shop was closed.

1.3. 수정하기

△No, it isn't.

△(Sorry.) That's/It's not right.

△(No,) this is MY bag.

(I think) you've made a mistake.

1.4. 질문하기

△Do you have ... ?

△She's a teacher, isn't she?

△Who is she?

△What do you like?

△Where do you live?

△When is your birthday?

△How much is it?

△Whose notebook is this/that?

Which movie do you want to see?

1.5. 질문에 답하기

△Yes, I do./No, I don't.

△Yes, she is./No, she isn't. She's a....

△She's my friend.

△I like ice cream.

△In Busan.

△August 15th.

△It's two dollars.

△It's Nancy's.

I want to see ... .

(Because) ... .

2. 사실에 대한 태도 표현하기

2.1. 동의하기

△Me, too.

△Same here.

△Okay!/Good!/Fine!/Great!

(Yes,) I agree.

That's a good idea.

2.2. 이의 제기하기

△I don't think/believe so.

I don't agree/disagree (with you).

I'm against ... .

2.3. 동의나 이의 여부 묻기

△What do you think?

Don't you agree?

Would/Do you agree with me?

2.4. 부인하기

△(No,) I didn't.

△That isn't true.

△That's not right/correct.

3. 지식, 기억, 믿음 표현하기

3.1. 알고 있음 표현하기

△I know (about) ... .

I heard/have heard (about) ... .

I've been told (about) ... .

I'm aware (of) ... .

3.2. 알고 있는지 묻기

△Do you know (about) ... ?

Have you heard (about) ... ?

You know ... (, don't you)?

Are you aware (of) ... ?

3.3. 궁금증 표현하기

I'm curious about ... .

I wonder ... .

I'd be (very) interested to know ....

Can someone tell me about ... ?

3.4. 모르고 있음 표현하기

△I don't know.

△I have no idea.

I haven't got a clue.

3.5. 기억이나 망각 표현하기

I (don't/can't) remember ... .

I (nearly/completely) forgot (about that).

I'll never forget ... .△I like ice cream.

△In Busan.

△August 15th.

△It's two dollars.

△It's Nancy's.

I want to see ... .

(Because) ... .

2. 사실에 대한 태도 표현하기

2.1. 동의하기

△Me, too.

△Same here.

△Okay!/Good!/Fine!/Great!

(Yes,) I agree.

That's a good idea.

2.2. 이의 제기하기

△I don't think/believe so.

I don't agree/disagree (with you).

I'm against ... .

2.3. 동의나 이의 여부 묻기

△What do you think?

Don't you agree?

Would/Do you agree with me?

2.4. 부인하기

△(No,) I didn't.

△That isn't true.

△That's not right/correct.

3. 지식, 기억, 믿음 표현하기

3.1. 알고 있음 표현하기

△I know (about) ... .

I heard/have heard (about) ... .

I've been told (about) ... .

I'm aware (of) ... .

3.2. 알고 있는지 묻기

△Do you know (about) ... ?

Have you heard (about) ... ?

You know ... (, don't you)?

Are you aware (of) ... ?

3.3. 궁금증 표현하기

I'm curious about ... .

I wonder ... .

I'd be (very) interested to know ....

Can someone tell me about ... ?

3.4. 모르고 있음 표현하기

△I don't know.

△I have no idea.

I haven't got a clue.

3.5. 기억이나 망각 표현하기

I (don't/can't) remember ... .

I (nearly/completely) forgot (about that).

I'll never forget ... .

You must not/may not ... .

(I'm afraid) it's/that's not possible.

You're not allowed/supposed to ... .

4.9. 능력 여부 묻기

△Can you ... ?

Do you know how to ... ?

Are you good at ... ?

4.10. 능력 표현하기

△(Sure/Yes,) I can ... .

I was able to ... .

I know how to ... .

I'm (pretty) good at ... .

4.11. 능력 부인하기

△I can't ... .

I don't know how to ... .

I'm not good at ... .

5. 의지 표현하기

5.1. 바람, 소원, 요망 표현하기

△I want (to) ... .

△I'd like ... .

I look/am looking forward to ... .

I wish I could ... .

5.2. 바람, 소원, 요망에 대해 묻기

△Do you want (to) ... ?

△Would you like ... ?

Do you wish (you could) ... ?

Are you looking forward to ... ?

5.3. 의도 표현하기

I'll ... .

I'm going to ... .

I'm thinking of ... .

I'm planning to ... .

5.4. 의도 묻기

Will you ... ?

Are you going to ... ?

Are you thinking of ... ?

Are you planning to ... ?

6. 감정 표현하기

6.1. 기쁨 표현하기

△That's great!

△I'm/I feel (very/so) happy/glad.

I'm (very) glad/delighted to ... .

6.2. 슬픔 표현하기

△How sad.

△I'm/I feel (very/so) sad/unhappy.

That makes me (really) sad.

6.3. 기쁨이나 슬픔에 대해 묻기

△Are you happy/sad?

△Are you all right?

How are you feeling?

6.4. 슬픔, 불만족, 실망의 원인에 대해 묻기

△What's wrong?

What's the matter?

Why are you sad/disappointed?

6.5. 낙담 위로하기

△Don't worry.

△(Come on!) Cheer up!

Things will be better (soon).

Don't be disappointed/discouraged.

6.6. 유감이나 동정 표현하기

△That's too bad.

I'm (so/very) sorry to hear ... .

That's a pity/shame.

6.7. 희망, 기대 표현하기

I hope ... .

I'm looking forward to ... .

I can't wait for ... .

6.8. 실망 표현하기

I'm/I feel (very) disappointed.

That's very disappointing.

What a pity/shame!

6.9. 걱정, 두려움 표현하기

I'm worried (about ...).

I'm (rather) worried/anxious (about ...).

I'm scared/frightened/terrified (to ...).

6.10. 걱정, 두려움 묻기

Are you afraid/scared/frightened of ... ?

Are you worried/concerned/anxious about ... ?

6.11. 안심시키기

Don't be frightened.

(I'm sure) everything will be okay/all right.

6.12. 안도감 표현하기

That's a relief.

What a relief!

Thank goodness.

I'm relieved/glad to hear ... .

6.13. 좋아하는 것 표현하기

△I like/love (to) ... .

I enjoy ... (very much).

... is (very) good/nice/pleasant.

6.14. 싫어하는 것 표현하기

△I don't like (to) ... .

I hate (to) ... .

6.15. 좋아하는 것 또는 싫어하는 것 묻기

△Do you like ... ?

△What do you like?

What's your favorite ... ?

6.16. 선호 표현하기

I prefer X to Y.

I('d) prefer (to) ... (if possible).

I think X is better than/preferable to Y.

6.17. 선호에 대해 묻기

Which do you prefer?

Do you prefer X to/or Y?

Do you like X better/more than Y?

6.18. 만족 표현하기

△Good!/Fine!/Excellent!

I'm (very) satisfied.

That'll do.

6.19. 불만족 표현하기

I'm not satisfied/happy (with ...).

That won't do.

This won't work.

6.20. 만족이나 불만족에 대해 묻기

Are you satisfied/happy (with ...)?

How do you like/find ... ?

Is this what you want(ed)/need/meant/had in mind?

6.21. 불평하기

It's not fair.

I'm not happy about ... .

I want to complain about ... .

You can't possibly ... .

6.22. 화남 표현하기

△I'm/I feel angry.

I'm (rather/quite/very) upset/annoyed (about ...).

I can't stand ... .

... is (very) annoying/irritating.

6.23. 화냄에 응대하기

Calm down!

Don't get so angry/worked up!

There's nothing to get angry about.

6.24. 관심 표현하기

I'm interested in ... .

... interests me (a lot/greatly).

I'm fascinated by ... .

How interesting!

6.25. 무관심 표현하기

I'm not (very) interested in ... .

I don't have any/much interest in ... .

How boring!

6.26. 관심에 대해 묻기

Are you interested in ... ?

What are you interested in?

Do you find X interesting?

6.27. 놀람 표현하기

△What a surprise!

That's/It's surprising!

I (just) can't believe this.

I'm surprised that ... .

6.28. 놀람 여부 표현하기

Were you surprised?

Does that surprise you?

Are you surprised that ... ?

7. 도덕적 태도 표현하기

7.1. 도덕적 의무 표현하기

You should/ought to ... .

It's right/wrong to ... .

You must ... .

You have to/have got to ... .

You're supposed to ... .

7.2. 승인하기

△(Very) good.

△That's fine/excellent.

△Well done!

You were (quite) right to ... .

7.3. 거부하기

△That's/It's not (very) good/nice.

You shouldn't/oughtn't to have done that.

I don't/can't approve (of ...).

You ought to be ashamed (of yourself).

7.4. 승인이나 거부 여부 묻기

△How's this?

What do you think of ... ?

How do you find ... ?

Do you approve (of) ... ?

7.5. 비난을 하거나 수용하기

It's (all) your fault.

You're to blame.

It's (all) my fault.

It's (all) because of you.

7.6. 비난 거부하기

It isn't/wasn't my fault.

Don't blame me.

It was a(n honest) mistake.

7.7. 사과하기

△(I'm so/very) sorry (about that).

Please forgive me.

I apologize.

7.8. 사과 수용하기

△Not at all.

△(That's/It's) okay.

△Forget it.

△It doesn't matter.

No problem.

Never mind.

8. 설득·권고하기

8.1. 제안·권유하기

△Let's ... .

△What/How about ... ?

Why don't we/you ... ?

Can you make it (at ten)?

You'd better ... .

(I think) you should/ought to ... .

Would you like (me) to ... ?

I suggest (that) we ... .

8.2. 도움 제안하기

△Can I help you?

Let me help you.

Can I give you a hand?

8.3. 요청하기

△(Please,) open the door.

Can you ...(, please)?

Could I ask you to ... ?

Do/Would you mind closing the window?

8.4. (도움) 제안, 권유, 요청에 답하기

△Yes!/Okay!

△Sure!/All right!

△No problem.

△(That) sounds good.

△Sorry ..., but ... .

△No, thank you.

Thank you, but ... .

(I'm) sorry but I can't.

I'm afraid I can't ... .

8.5. 충고하기

(I think) you should/ought to ... .

Why don't you ... ?

You'd better ... .

If I were you, I'd ... .

8.6. 충고 구하기

Do you think I should ... ?

Can I get your advice on ... ?

What would you do if ... ?

8.7. 경고하기

△Don't ... .

△Be careful.

△Watch/Look out (for ...)!

Make sure you don't ... .

8.8. 허락 요청하기

△May/Can I ... (, please)?

Let me ... .

Do you mind if ... ?

Would it be possible ... ?

I was wondering if I could ... ?

8.9. 허락 요청에 답하기

△Yes./Okay./All right.

△Sure./Of course.

△(Yes,) you can.

△(No,) you can't.

Not at all.

(I'm afraid) that's/it's not possible.

8.10. 금지하기

△Don't ... .

You mustn't/can't/shouldn't ... .

You'd better not ... .

9. 사교활동 하기

9.1. 주의 끌기

△Hey!

△(Oh,) look/listen.

May I have your attention(, please)?

9.2. 만날 때 인사하기

△Hi!/Hello!

△Good morning/afternoon/evening.

Good/Nice to see you (again)!

How do you DO?

How do YOU do?

9.3. 안부 묻기

△How are you (today)?

△How's it going?

How are you doing?

What's up?

How have you/things been?

9.4. 안부 묻기에 답하기

△(I'm) okay (, thanks/thank you).

△(I'm) fine/very well (, thanks/thank you).

△Not (too/so) bad (, thanks/thank you).

9.5. 제삼자에게의 안부 부탁하기

Say hello to ... (for me).

Please give my regards to ... .

Remember me to ... .

9.6. 호칭하기

△Mr./Miss/Mrs./Ms. ...

Doctor/Professor/Director Brown.

How/What do you want me to call you?

9.7. 자기 소개하기

△I'm ... .

△My name is ... .

Let me introduce myself (to you).

I'm ... .

9.8. 다른 사람 소개하기

△X, this is Y.

I'd like you to meet ... .

I'd like to introduce ... .

9.9. 소개에 답하기

△(It's) nice/good to meet you.

(I'm) (very) pleased to meet you.

It's a pleasure to meet/meeting you.

I've been looking forward to meeting you.

9.10. 소개가 필요한지 묻기

Do you know each other?

Have you already met ... ?

I think you (two) know/have met each other, don't/haven't you?

9.11. 환영하기

△Welcome!

Glad you're here.

Glad you could come.

9.12. 음식 권하기

△(Please) help yourself.

△Please go ahead.

Please try some ... .

Would you like some ... ?

Do you want some more ... ?

9.13. 음식 권유에 답하기

△(Yes,) thanks/thank you.

△Yes, please.

△No, thanks/thank you. (I'd rather have some ... .)

That would be very nice.

Thanks, it/everything looks delicious.

9.14. 감사하기

△Thanks (a lot)/Thank you (very/so much).

Thanks for ... .

I (really) (do) appreciate your help/what you've done.

9.15. 감사에 답하기

△Sure.

△You're welcome.

△No problem.

△(It was) my pleasure.

Don't mention it.

9.16. 축하, 칭찬하기

△Congratulations (on ...)!

△(Very) good!

△Good (for you)!

△What a nice ... !

△How ... she is!

△Great!/Excellent!

(You did a) good (work/job)!

How ... she is!

9.17. 격려하기

△You can do it!

Don't give up!

That's all right. (You'll do better next time).

9.18. 축하, 칭찬, 격려에 답하기

△Thanks/Thank you (very much).

△You, too!

I'm glad you like ... .

How nice (of you)!

9.19. 기원하기

△Happy birthday/New Year/... !

△Good luck (with your .../the ...)!

△Have a good/nice ... !

I'll keep my fingers crossed!

I hope/wish ... .

9.20. 헤어질 때 인사하기

△Bye(-bye).

△Goodbye.

△Take care.

△(Have a) nice day/good night.

△See you (later/again/tomorrow).

10. 담화 구성하기

10.1. 주제 소개하기

(Now) let's talk about ... .

I'd like to say something about ... .

I'd like to tell you what ... .

10.2. 의견 표현하기

△(Well,) I think/feel/believe ... .

It seems to me ... .

In my view/opinion, ...

10.3. 의견 묻기

What do you think (of/about ...)?

How do you feel about ... ?

What is your view/opinion?

10.4. 열거하기

First ... . Second ... . Third ... .

First ..., then ..., then ... .

10.5. 예시하기

What do you want to do?

What do you think of/about ... ?

Did you find ... ?

10.6. 강조하기

It is important to/that ... .

I want to stress ... .

10.7. 정의하기

X/This means ... .

The meaning of X/this is ... .

10.8. 요약하기

In short, ...

In brief, ...

To sum up, ...

10.9. 주제 바꾸기

By the way, ...

Let's move on to ... .

I'd like to say something else ... .

10.10. 이해 상태 나타내기

△I see.

△I (don't) understand.

It (still) isn't clear to me what this means.

10.11 대화에 끼어들기

△Excuse me.

Can I say something?

Can I interrupt you for a moment?

10.12. 전화를 하거나 받기

△Hello?

(This is) ... (speaking/here).

May/Can I speak to ..., please?

Who's calling, please?

Could you put me through to ..., please?

Just a moment, please.

Can I leave/take a message?

(Sorry, but) can I call you back?

11. 의사소통 개선하기

11.1. 천천히 말해 달라고 요청하기

△Too fast.

△Slow down (, please).

(Can you speak) more slowly, please?

11.2. 반복 요청하기

△(I'm) sorry?

△What (did you say)?

△(I beg your) pardon?

(Sorry/I'm afraid) I don't know what you mean/meant.

Would you say that again(, please)?

11.3. 반복해 주기

△(I said) X.

I said that ... .

What I said was X.

11.4. 확인 요청하기

△Did you say X?

△Are you sure?

Do/Did you mean ... ?

He lives in Seoul, doesn't he?

11.5. 설명 요청하기

△What is X (exactly)?

What do you mean by X?

Could you explain ... ?

11.6. 철자·필기 요청하기

△How do you spell ... ?

Could you spell that, please?

Could you write that down (for me), please?

11.7. 철자 알려주기

△B-A-G.

'Bag' is spelt B-A-G.

It's spelt with a capital 'P'.

11.8. 표현 요청하기

△What is X (in English)?

Do you say ... (or ...)?

I don't know how to say it.

How would/do you say this in English /Korean?

11.9. 표현 제안하기

△X.

Do you mean X?

I think you mean ... ?

In English/Korean we say ... .

11.10. 이해 점검하기

△Do you understand?

Do you see/know what I mean?

Is this/everything clear (now)?

11.11. 오해 지적해 주기

(No,) I mean Y (not X) ... .

(I'm afraid) that's wrong/not right.

That's not (exactly) what I meant to say.

11.12. 생각할 시간 요청하기

Let me see/think.

Just a moment (while I think).

May I think about that for a moment?

다. 【별표 3】

기본 어휘 관련 지침과 어휘 목록

기본 어휘 관련 지침

1. 각 학년군에서 사용할 수 있는 새로운 어휘 수는 다음과 같다.

    초등학교 3~4학년군 : 240 낱말 내외

    초등학교 5~6학년군 : 260 낱말 내외

    (누계 : 500 낱말 내외)

2. '1'항의 '낱말 내외'와 관련해서는, '5% 범위 이내에서 가감하여 사용할 수 있음'을 의미한다. 기본 어휘 목록에 제시된 어휘 중에서 학년군별 권장 어휘수의 80% 이상을 학습할 것을 권장한다. 또한, 초등학교의 경우, 초등 권장 어휘 중에서 학년군별 권장 어휘 수의 80% 이상을 학습할 것을 권장한다.

3. 기본 어휘 목록에는 대표형만 제시하고, 대표형은 다음과 같이 변화형을 포함하는 것을 원칙으로 한다. 단, 빈도수가 높고 학습에 필요한 일부 변화형은 기본 어휘 목록에 제시한다.

    write(writes, wrote, written, writing)
    be(am, are, is, was, were, been, being)
    have(has, had, having)
    book(books), foot(feet), leaf(leaves)
    tall(taller, tallest)
    they(their, them, theirs, themselves)
    teach(teacher)
    tour(tourist)
    act(actor), invent(inventor)
    soft(softly, softness)
    happy(unhappy)
    realize(realization)
    emotion(emotional)
    invest(investment)

mental(mentality)

color(colorful)

create(creative)

4. 동일어의 의미 변화 및 문법 기능상 차이가 있는 경우는 원칙적으로 한 개의 낱말로 간주한다.

back [adv, n, v]

bat [n, v]

change [n, v]

close [adj, adv, v]

flat [adj, n]

head [n, v]

kind [adj, n]

present [n, v]

5. 인명, 지명, 국가명 등 고유 명사, 기수, 서수, 로마자화된 우리말 단어는 새로운 어휘로 간주하지 않는 것을 원칙으로 한다. 단 빈도수가 높고 학습에 필요한 일부 기수와 서수의 경우 기본 어휘 목록에는 대표형만 제시하고, 대표형은 다음과 같이 변화형을 포함하는 것을 원칙으로 한다.

three (thirteen, thirty, thirteenth, thirtieth)

four (fourteen, forty, fourteenth, fortieth)

nine (nineteen, ninety, ninth, ninetieth)

6. 생활 주변에서 흔히 사용하고 있는 아래의 낱말들은 외래어로서 새로운 어휘로 간주하지 않는다.

album, apartment, badminton, banana, bench, bus, cake, card, cheese, chess, chocolate, coat, coffee, computer, crayon, cream, cup, curry, dollar, doughnut, elevator, film, fork, game, graph, guitar, gum, hamburger, hockey, iguana, Internet, jacket, jam, jean, juice, kangaroo, kiwi, lemon, marathon, melon, notebook, orange, pajama, panda, party, pen, piano, pie, pizza, plastic, pool, program(BE programme), quiz, racket, ribbon, robot, rocket, salad, sandwich, scarf, shirt, skate, ski, snack, soup, spaghetti, steak, sweater, taxi, television/TV, tennis, tomato, truck, T-shirt, violin, website, X-ray, zipper (78개)

7. 기본 어휘 목록에 제시한 어휘는 모두 2,988 개이며, 어휘 앞에 *표를 한 어휘는 798 개로 초등학교에서 사용하기를 권장한다.

8. 기본 어휘 목록에서 BE는 British English의 줄임말로 영국 영어를 의미한다.

기본 어휘 목록

A

*a / an
abandon
*able
*about
above
abroad
absence
*absent
absolute
absorb
abstract
abuse
academic
academy
accept
acceptable
access
accident
accommodate
accompany
accord
account
accountable
accumulate
accurate
accuse
accustom
ache
achieve
acid
acknowledge
acquire
*actress
across
*act
active
actual
adapt
add
*address
adequate
adjacent
adjust
administrate
administrative
admire
admit
adopt
adult
advance
advantage
adventure
advertize(BE advertise)
advice
advise
advocate
affair
affect
afford
afraid
*after
*afternoon
afterward(BE afterwards)
*again
against
*age
agency
agent
aggregate
aggressive
*ago
*agree
agriculture
*ahead
aid
aim
*air
aircraft
*airplane(BE
aeroplane)/
plane
*airport
albeit
alcohol
alike
alive
*all
allocate
allow
*almost
*alone
along
alongside
aloud
already
alright also
alter
alternative
although
altogether
*always
a.m. / A.M.
amaze
ambiguous
ambition
amend
among
amount
amuse
analogy
analysis
analyze(BE analyse)
ancient
*and
anger
angle
*angry
*animal
anniversary
announce
annoy
annual
*another
*answer
*ant
anticipate
anxiety
anxious
*any
anybody
anyone
*anything
*anyway
anywhere
apart
apologize(BE apologise)
apology
apparent
appeal
appear
appearance
append
applaud
*apple
apply
appoint
appreciate
approach
appropriate
approve
approximate
*April
arbitrary arch
area
argue

arise
*arm
army
*around
arrange
arrest
*arrive
arrow
*art
article
artificial
*artist
*as
ash
ashamed
aside
*ask
asleep
aspect
assemble
assembly
assess
asset
assign
assist
assistance
associate
assume
assure
astonish
astronaut
*at
atmosphere
attach
attack
attain
attempt
attend
attention attitude
attract
attractive

attribute
audience
*August
*aunt
author
authority
automate
automatic
*autumn
available
avenue
average
avoid
awake
award
aware
*away
awful
awkward
ax(BE axe)

B

*baby
*back
background
backward / backwards
*bad
*bag
baggage
bake
balance
*ball
*balloon
ban
band
*bank
bang
bar
barber
bare
barely

bargain
barrel
barrier
base
*baseball
basic
basin
basis
*basket
*basketball
*bat
*bath
bathe
*bathroom
battery
battle
bay
*be
*beach
beak
beam
bean
*bear
beard
beast
beat
*beautiful
beauty
*because
*become
*bed
*bedroom
*bee
*beef
beer
*before
beg
*begin
behalf
behave
behavior(BE behaviour)

behind
belief
believe
bell
belong
below
*belt
bend
beneath
benefit
berry
beside
*best
bet
*better
*between
beyond
bias
*bicycle / bike
bid
*big
bill
billion
bind
*bird
birth
*birthday
bit
bite
bitter
*black
blade
blame
bless
blind
block
blood
blow
*blue
*board
boast

*boat
*body
boil
bold
bomb
bond
bone
*book
*boot(s)
border
bore
*boring
borrow
boss
*both
bother
*bottle
bottom
bound
boundary
bow
bowl
bowling *box
*boy
brain
branch
brand
brass
brave
*bread
*break
*breakfast
breast
breath
breathe
breed bribe
brick
*bridge
brief
*bright
brilliant

*bring
broad
broadcast
*brother
*brown
*brush
bucket
budget
*build
bulk
bullet bunch
bundle
burden
burial burn
burst
bury
bush
business
*busy
*but
*butter
*button
*buy
*by
*bye

C

cabinet
cage
calculate
*calendar
*call
calm
*camera
camp
campaign *can
canal
cancel
cancer
candidate
*candy

*cap
capable
capacity
cape
capital
captain
*car
care
career
*careful
carriage
*carrot
*carry
cart
*case
cash
cast
castle
*cat
*catch
category
cattle
cause
caution
cave
cease
ceiling
celebrate
cell
cent
center(BE centre)
centimeter(BE
centimetre)
century
ceremony
certain
certificate
chain
*chair
*chalk
challenge

chamber
chance
*change
channel
chapter
character
characteristic
charge
charity
charm
chart
chase
*cheap
cheat
*check(BE cheque)
*cheek
cheer
chemical
chemistry *chest
*chicken
chief
*child
chimney
*chin
choice
*choose
*church
cigarette
cinema *circle
circumstance
cite *city
civil
civilize(BE civilise)
claim
clarify
*class
classic
*classroom
clause
clay
*clean

*clear
clerk
clever
client
cliff
climate
climb
*clock
*close
cloth
*clothes
*cloud
*cloudy
club
clue
coal
coarse
coast
code
coherent
coin
coincide
*cold
collapse
collar
colleague
collect
college
colony
*color(BE colour)
column
comb
combine
*come
comfort
comfortable
command
commence
comment
commerce
commission
commit
committee
commodity
common
communicate
community
companion
*company
compare
comparison
compatible
compensate
compete
competition
competitive
compile
complain
complaint
complement
complete
complex
complicate
component
compose
compound
comprehensive
comprise
compute
conceive
concentrate
concept
concern
concert conclude
conclusion
concurrent
condition
conduct
confer
conference
confess
confidence
confident
confidential
confine
confirm
conflict
conform
confuse
*congratulate
congress
connect
conquer
conscience
conscious
consent
consequence
consequent
conservative
consider
considerable
consist
consonant
constant
constitute
constitution
constrain
construct
consult
consume
contact
contain
contemporary
content
contest
context
*continue
continuous
contract
contradict
contrary
contrast
contribute
control
controversy
convene
convenience
convenient
convention
conversation
converse
convert
convince
*cook
*cookie
*cool
cooperate
coordinate
cope
copper
copy
core
cork
*corn
*corner
corporate
*correct
correspond
*cost
cottage
cotton
cough
could
council
*count
*country
countryside
county
couple
courage
course
court
*cousin
*cover

*cow
coward
crack
crash
crazy
create
creature
credit
creep
crime
criminal
crisis
criteria
criterion
critic
criticism
criticize(BE criticise)
crop
cross
crowd
crown
crucial
cruel
crush
*cry
cultivate
culture
cupboard
cure
curious
curl
currency
current
curriculum
curse
curtain
curve
cushion
custom
customer
*cut
*cute
cycle

D

*dad / daddy
damage
damp
*dance
danger
*dangerous
dare
*dark
data
database
*date
*daughter
*day
dead
deaf
deal
*dear
death
debate
debt
decade
decay
deceive
*December
decide
decision
declare
decline
decorate
decrease
deduce
deed
*deep
*deer
defeat
defend
defense(BE defence)
define
definite
degree
delay
deliberate
delicate
*delicious
delight
deliver
delivery
demand
democracy
democratic
demonstrate
denote
*dentist
deny
department
depend
dependent
depress
depth
deputy
derive
descend
describe
desert
deserve
design
desire
*desk
despair
despite
destroy
detail
detect
determine
develop
deviate
device
devil
devote
diamond
dictionary
*die
diet
difference
*different
differentiate
*difficult
difficulty
dig
dimension
diminish
*dinner
dip
direct
dirt
*dirty
disabled
disappear
disappoint
disaster
discipline
discover
discrete
discriminate
discuss
discussion
disease
disgust
*dish
dismiss
displace
display
dispose
distance
distinct
distinguish
distort
distribute
district

disturb
ditch
dive
diverse
divide
division
*do
*doctor / Dr.
document
*dog
*doll
*dolphin
domain
domestic
dominate
donkey
*door
dot
double
doubt
*down
dozen
draft
drag
drama
dramatic
*draw
drawer
*dream
*dress
*drink
*drive
*drop
drown
drug
drum
*dry
*duck
due
dull
duration
during
dust
duty
dynamic

E

*each
eager
*ear
*early
earn
earnest
*earth
ease
*east
eastern
*easy
*eat
economic
economy
edge
edit
educate
effect
effective
efficiency
efficient
effort
*egg
*eight
either
elastic
elbow
elder
elect
electric
electronic
element
*elementary
*elephant
*eleven
*eleventh
eliminate
else
elsewhere
embarrass
emerge
emergency
emotion
emphasis
emphasize(BE
emphasise)
empire
empirical
employ
*empty
enable
enclose
encounter
encourage
*end
enemy
energy
enforce
engine
engineering
enhance
*enjoy
enormous
*enough
ensure
enter
enterprise
entertain
enthusiastic
entire
entitle
entity
entrance
envelope
environment
envy
equal
equate
equip
equivalent
*eraser
erode
error
escape
especial
essay
essence
essential
establish
estate
estimate
etc.
ethic
ethnic
euro
evaluate
even
*evening
event
eventual
ever
*every
everybody
*everyone
everything
everywhere
evidence
evident
evil
evolve
exact
examination / exam
examine
*example
exceed
*excellent
except

excess
exchange
exit
excite
*exciting
exclude
*excuse
executive
exercise
exhibit
exist
existence
expand
expansion
expect
expenditure
expense
*expensive
experience
experiment
expert
explain
explicit
explode
exploit
explore
export
expose
express
expression
extend
extension
extensive
extent
external
extra
extract
extraordinary
extreme
extrinsic
*eye

F

*face
facilitate
facility
fact
factor
factory
fade
fail
failure
faint
fair
faith
*fall
false
fame
familiar
*family
*famous
*fan
fancy
*far
*farm
fashion
*fast
fasten
*fat
fate
*father
fault
favor(BE favour)
*favorite(BE favourite)
fear
feast
feather
feature
*February
federal
fee
*feed
*feel
fellow
female
fence
festival
fetch
fever
*few
field
fierce
*fight
figure
file
*fill
final
finance
*find
*fine
*finger
*finish
finite
*fire
firm
*first
*fish
fit
five
*fix
*flag
flame
flash
flat
flavor(BE flavour)
flesh
flexible
flight
float
flood
*floor
flour
flow
*flower

fluctuate
*fly
focus
fold
follow
fond
*food
*fool
*foolish
*foot
football
*for
forbid
force
foreign
forest
forever
*forget
forgive
form
formal
format
former
formula
forth
forthcoming
fortunate
fortune
forward / forwards
found
foundation
*four
*fox
frame
framework
frank
*free
freedom
freeze
frequent
*fresh
*Friday
*friend
friendship
fright
frighten
*frog
*from
*front
*fruit
fry
fuel
*full
*fun
function
fund
fundamental
funeral
*funny
fur
furnish
furniture
furthermore *future

G

gain
gallery
gallon
gap
garage
*garden
gas / gasoline(BE petrol)
*gate
gather
gender
general
generate
generation
generous
gentle
*gentleman
genuine
*get
giant
gift
*giraffe
*girl
*give
*glad
*glass
globe
glory
*glove(s)
*glue
*go
goal
*goat
god / God
*gold
golden
golf
*good
goods
govern
grace
grade
gradual
grain
gram(BE gramme)
grammar
grand
*grandfather/ grandpa
*grandmother/ grandma
grant
*grape
*grass
grateful
grave
*gray(BE grey)
grease
*great
greed
*green
greet
grind
gross ground
*group
*grow
growth
guarantee
guard
*guess
guest
guide
guideline
guilty
gun

H

habit
*hair
*half
hall
hammer
*hand
handkerchief
handle
*handsome
hang
happen
*happy
harbor(BE harbour)
*hard
hardly
hardware
harm
harvest
haste
*hat
*hate
*have
hay
*he
*head

headache
headquarters
heal
*health
healthy
heap
*hear
*heart
heat
heaven
*heavy
heel
height
hell
*hello / hey
*help
*hen
hence
*here
hesitate
*hi
*hide
hierarchy
*high
highlight
highly
*hill
hinder
hire
history
*hit
*hobby
*hold
hole
*holiday
hollow
holy
*home
*homework
*honest
honor(BE honour)
hook
*hope
horizon
horizontal
horn
horror
*horse
*hospital
host
*hot
hotel
*hour
*house
household
*how
however
huge
human
humble
*hundred
hunger
*hungry
hunt
*hurry
*hurt
*husband
hut
hypothesis

I

*I
ice
*idea
ideal
identical
identify
identity
ideology
idle
*if
ignorant
ignore
*ill
illustrate
image
imagine
imitate
immediate
immense
immigrate
impact
implement
implicate
implicit
imply
import
importance
important
impose
impossible
impress
impression
improve
*in
incentive
inch
incidence
incident
incline
include
income
incorporate
increase
incredible
indeed
independence
independent
index
indicate
individual
induce
industry
inevitable
infect
infer
influence
inform
informal
infrastructure
inherent
inhibit
initial
initiate
injure
injury
ink
inn
inner
innocent
innovate
input
inquire
inquiry(BE enquiry)
insect
insert
*inside
insight
insist
inspect
instance
instant
instead
institute
institution
instruct
instrument
insult
insurance
insure
integral
integrate
integrity
intellectual

intelligence
intend
intense
interact
interest
*interesting
interfere
interior
intermediate
internal
international
interpret
interrupt
interval
intervene
interview
*into
intrinsic
introduce
invent
invest
investigate
*invite
invoke
involve
inward
iron
island
isolate
issue
*it
item

J

*January
jaw
jealous
jewel
*job
*join
joint
joke
journal
journey
joy
judge
*July
*jump
*June
junior
jury *just
justice
justify

K

keen
*keep
*key
*kick
*kid
kill
kilogram(BE
kilogramme)
kilometer(BE kilometre)
*kind
*king
kingdom
kiss
*kitchen
*knee
kneel
*knife
*knock
knot
*know
knowledge

L

label
labor(BE labour)
laboratory / lab
lack
ladder
*lady
*lake
*lamb
lamp
*land
language
*large
*last
*late
latter
*laugh
launch law
lay
layer
lazy
lead
leadership
*leaf
league lean
*learn
least
leather
leave
lecture
*left
*leg
legal
legislate
legislation
lend
length
less
*lesson
*let
*letter
level
liberal
liberty
*library
license(BE licence)
lid
lie
*life
lift
*light
*like
likely
likewise
limb
limit
*line
link
*lion
*lip
liquid
list
*listen
liter
literature
*little
*live
*livingroom
load
loaf
loan
local
locate
lock
lodge log
logic
lone
*long
*look
loose
lord
*lose
loss
lot
*loud
*love
*low

loyal
luck
*lucky
lump
*lunch
lung

M

machine
mad
magazine
magic *mail
main
maintain
maintenance
major
*make
male
*man
manage
manipulate
manner
manual
manufacture
*many
*map
*March
margin
mark
*market
marriage
marry
mass
massive
master
mat
match
material
*mathematics / math(BE maths)
*matter
mature
maximize(BE maximise)
maximum
*May
*maybe
mayor
meal
*mean
meantime
meanwhile
measure
*meat
mechanic
mechanism
media
mediate medical
medicine
medium
*meet
melt
member
membership
memory
mend
mental
mention
merchant
mercy
mere
merry
mess message
messenger metal
meter(BE metre)
method
*middle
might
migrate
mild
mile
military
*milk
mill
milligram(BE milligramme)
milliliter(BE millilitre)
millimeter(BE millimetre)
million
mind
miner
mineral
minimal
minimize(BE minimise)
minimum
minister
ministry
minor
*minus
*minute
*mirror
miserable
*Miss
mission mistake
mix
mode
*model
moderate
modern
modest
modify
*mom / mommy
moment
*Monday
*money
monitor
*monkey
*month
mood
*moon
moral
*more
moreover
*morning
*most
*mother
motion
motive
motor
motorbike
*mountain
*mouse
*mouth
*move
*movie
*Mr.
*Mrs.
*Ms.
*much
mud
multiply
murder
muscle
*museum
*music
*musician
must
mutual
mystery

N

nail
*name
narrow
nasty nation
native
nature
navy
*near
nearby
nearly
neat
necessary
necessity

*neck
*need
needle
negate
negative
neglect
negotiate
neighbor(BE neighbour)
neither
nephew
nerve
nervous
nest
net
network
neutral
*never
nevertheless
*new
newspaper
*next
*nice
niece
*night
*nine
*no / nope
noble
nobody
*noise
none
nonetheless
nonsense
noon
nor
norm
normal
*north
northern
*nose
*not
note
*nothing
notice
notion
notwithstanding
noun
novel
*November
*now
nuclear
nuisance
*number
numerical
numerous
*nurse
nursery
nut

O

oar
*o'clock
obey
object
objective
observe
obtain
obvious
occasion
occupy
occur
ocean
*October
odd
*of
*off
offend
offer
*office
official
offset
*often
oil
*okay / OK
*old
omit
*on
*once
*one
ongoing
*only
onto
onwards
*open
operate
opinion
opportunity
oppose
opposite
option
*or
order
ordinary
organ
organize(BE organise)
orient
origin
ornament
*other
otherwise
ought
ounce
*out
outcome
outline
output
*outside
outstanding
*over
overall
overcome
overlap
overseas
owe
own

P

pace
pack
package
pad
*page
pain
*paint
*pair
palace
pale
pan
panel
*pants
*paper
paradigm
paragraph
parallel
parameter
parcel
pardon
*parent
*park
parliament
part
participate
particular
partner
*pass
passage
passenger
passive
*past
paste
path
patient
patriotic
pattern
pause

paw
*pay
peace
*peach
*pear
pearl
peculiar
*pencil
penny
pension
*people
*pepper
per
perceive
percent
perfect
perform
performance
perhaps
period
permanent
permission
permit
persist
*person
personnel
perspective
persuade
*pet
phase
phenomenon
philosophy
*photograph / photo
phrase
physical
physics
*pick
*picnic
*picture
*piece
*pig

pigeon
pile
pilot
pin
pinch
*pink
pint
pipe
pitch
pity
*place
plain
*plan
*plant
plaster
*plate
platform
*play
*please
pleasure
plenty
plough
plural
*plus
p.m. / P.M.
*pocket
poem
*point
poison
pole
*police
policy
polish
*polite
political
politics
pollution
*poor
popular
population
port

portion
pose
position
positive
possess
possible
*post
postpone
pot
*potato
potential
pound
pour
poverty
powder
power
powerful
practical
*practice(BE practise)
practitioner
praise
pray
preach
precede
precious
precise
predict
predominant
prefer
prejudice
preliminary
premises
prepare
presence
*present
preserve
*president
press
pressure
presume
pretend

*pretty
prevent
previous
*price
pride
priest
primary
prime
*prince
*princess
principal
principle
print
prior
priority
prison
private
prize
probable
*problem
procedure
proceed
process
procession produce
product
profession
professor
profit
progress
prohibit
project
promise
promote
prompt
pronounce
proof
proper
property
proportion
propose
prospect

protect
protest
protocol
proud
prove
provide
provision
psychology
pub
public
publication
publish
*pull
pump
punctual
punish
pupil
*puppy
purchase
pure
*purple
purpose
pursue
*push
*put
puzzle

Q

qualify
qualitative
quality
quantitative
quantity
quarrel
quart
quarter
*queen
*question
*quick
*quiet
quite
quote

R

*rabbit
race
radical
*radio
rail
*rain
*rainbow
raincoat
*rainy
raise
rake
random
range
rank
rapid
rare
rat
rate
rather
ratio
rational
raw
ray
razor
reach
react
*read
*ready
real
realistic
realize(BE realise)
*really
reason
reasonable
recall
receipt
*receive
recent
recognize(BE recognise)
recommend
record
recover
*red
reduce
refer
reference
refine
reflect
reform
refresh
refuse
regard
regime
region
register
regret
regular
regulate
reinforce
reject
rejoice
relate
relationship
relative
*relax
release
relevant
relief
relieve
religion
religious
reluctance
rely
remain
remark
remarkable
remedy
*remember
remind
remove
rent
repair
*repeat
replace
reply
report
represent
representative
reproduce
republic
reputation
request
require
rescue
research
reserve
reside
resident
resign
resist
resistance
resolve
resource
respect
respond
response
responsible
*rest
*restaurant
restore
restrain
restrict
*restroom
result
retain
retire
return
reveal
revenge

revenue
reverse
review
revise
revolution
reward
*rice
*rich
rid
*ride
*right
rigid
*ring
ripe
rise
risk
rival
*river
*road
roar
roast
rob
*rock
rod
*role
roll
romantic
*roof
*room
root
rope
rot
rough
*round
route
row
royal
rub
rubber
rubbish
rude

rug
ruin
rule
*ruler
*run
rural
rush
rust

S

sacred
sacrifice
*sad
saddle
safe
safety
sail
sake
salary
sale
*salt
*same
sample
sand
satisfy
*Saturday
sauce
saucer
sausage
save
*say
scale
scarce
scatter
scenario
scene
scent
schedule
scheme
*school
*science

scientific
*scientist
*scissors
scold
scope
score
scorn
scrap
scrape
scratch
scream
screen
screw
*sea
search
seaside
*season
*seat
*second
secret
secretary
section
sector
secure
*see
seed
seek
seem
seize
seldom
select
self
*sell
*send
senior
sense
sensitive
sentence
separate
*September
sequence

series
serious
serve
service
session
set
settle
*seven
several
severe
sew
sex
shade
shadow
shake
shall
shallow
shame
shape
share
sharp
shave
*she
*sheep
sheet
shelf
shell
shelter
shield
shift
shilling
shine
*ship
shock
*shoe(s)
shoot
*shop
shore
*short
should
*shoulder

shout
*show
shower
shut
shy
*sick
*side
sight
sign
signal
signature
significance
significant
silence
silent
silk
silly
silver
similar
simple
simulate
since
sincere
*sing
single
sink
sir
*sister
*sit
site
situation
*six
*size
skill
skin
*skirt
*sky
slave
*sleep
sleeve
slice
slide
slight
slip
slope
*slow
*small
smart
*smell
*smile
smoke
smooth
*snake
*snow
*snowy
*so
soap
*soccer
social
society
*socks
*soft
software
soil
soldier
sole
solemn
solicitor
solid
solve
*some
somebody
somehow
someone
*something
*sometimes
somewhat
somewhere
*son
*soon
sore
*sorry
sort
soul
*sound
sour
source
*south
southern
sow
space
spade
spare
*speak
special
species
specific
specify
*speech
speed
*spell
*spend
sphere
*spider
spill
spin
spirit
spit
spite
splendid
split
spoil
*spoon
sport
spot
spread
*spring
*square
squeeze
stable
staff
stage
stain
*stair
stamp
*stand
standard
*star
stare
*start
state
*station
statistic
status
*stay
steady
steal
steam
steel
steep
steer
stem
step
stick
stiff
still
sting
stir
stock
stocking
*stomach
*stone
*stop
*store
storm
*story
stove
*straight
straightforward
strange
strap
strategy
straw
*strawberry

stream
*street
strength
stress
stretch
strict
strike
string
strip
stripe
*strong
structure
struggle
*student
*study
stuff
stupid
style
subordinate
subject
submit
subsequent
subsidy
substance
substitute
*subway
succeed
success
successful
such
suck
sudden
suffer
sufficient
*sugar
suggest
suit
sum
summary
*summer
*sun
*Sunday
*sunny
supper
supplement
supply
support
suppose
*sure
surface
*surprise
*surprising
surround
survey
survive
suspect
suspend
suspicion
sustain
swallow
swear
sweat
sweep
*sweet
swell
*swim
swing
switch
sword
symbol
sympathy
system

T

*table
tail
tailor
*take
*talk
*tall
tame
tap
*tape
target
task
taste
tax
*tea
*teach
*team
tear
tease
technical
technique
technology
teenage
telegraph
*telephone / phone
*tell
temper
temperature
temple
temporary
tempt
*ten
tend
tendency
tender
tense
tension
tent
term
terminate
terrible
*test
text
*textbook
*than
*thank
*that
*the
*theater(BE theatre)
theme
*then
theory
*there
thereby
therefore
thesis
*they
thick
thief
*thin
thing
*think
*third
thirst
*thirsty
*this
thorn
thorough
though
*thousand
thread
threat
threaten
*three
throat
through
throughout
*throw
thumb
thunder
*Thursday
thus
*ticket
tide
tidy
*tie
*tiger
tight
till
*time
tin

tiny
tip
tire(BE tyre)
*tired
title
*to
toast tobacco
*today
*toe
*together
*toilet
*tomorrow
ton
tone tongue
*tonight
*too
tool
*tooth(teeth)
*top
topic
total
*touch
tough
tour
toward
*towel
tower
*town
*toy
trace
track
trade
tradition
*traffic
tragedy
*train
transfer
transform
transit
translate
transmit
transportation(BE transport)
trap
*travel
tray
treasure
treat
*tree
tremble
trend
*triangle
tribe
trick
trigger
*trip
troop
trouble
trouser(s)
*true
trunk
trust
truth
*try
tube
*Tuesday
tune
*turn
*twelfth
*twelve
*twentieth
*twenty
*twice
twist
*two
type
typical

U

*ugly
ultimate
*umbrella
*uncle
*under
undergo
underlie
*understand
undertake
uniform
unify
union
unique
unit
unite
universe
university
unless
*until
*up
upon
upper
upright
upset
upwards
urban
urge
urgent
*use
useful
usual
utilize(BE utilise)

V

*vacation
vain valid
valley
valuable
value
variety
various
vary
vast
*vegetable
vehicle
veil verb
verse
version
*very
vertical
vessel
via
victim
victory
view
video village
violate violence
violent
virtual
virtue
visible
vision
*visit
visual
vital
*voice
volume
voluntary
vowel
vote
voyage

W

wage
waist
*wait
*wake
*walk
*wall
wander
*want
war
*warm
warn
*wash

*washroom
waste
*watch
*water
*watermelon
wave
wax
*way
*we
*weak
wealth
weapon
*wear
*weather
weave
wedding
*Wednesday
weed
*week
*weekend
weep
weigh
*weight
*welcome
welfare
*well
*west
western
*wet
*what
whatever
wheat
wheel
*when
whenever
*where
whereas
whereby
whether
*which
while
whip
whisper
whistle
*white
*who
whole
*why
wicked
*wide
widespread
widow
*wife
wild
*will
willing
*win
*wind
*window
*windy
wine
wing
*winter
wipe
wire
wise
*wish
*with
withdraw within
without
witness
*wolf
*woman
wonder
*wonderful
*wood
wooden
wool
*word
*work
*world
worm
*worry
worse
worship
worst
worth
would
wound
wrap
wreck
wrist
*write
*wrong

Y

yard
*year
*yellow
*yes / yeah, yep, yup
*yesterday
yet
yield
*you
*young
youth

Z

*zebra
*zero
*zoo

라. 【별표 4】

의사소통에 필요한 언어 형식

언어의 형식적 특성을 예시하는 아래의 예시문을【별표 2】의 의사소통 예시문과 함께 음성 언어 및 문자 언어 활동에 모두 활용할 것을 권장하며, 그 밖의 기능이나 형식적 특성을 보여주는 문장도 사용할 수 있다.

1. Sean and Kate are from London.

   A boy/The boy/The (two) boys ran in the park.

   Water is very important for life.

   The water in this river is safe.

   She lived in the woods when she was a kid.

   A lot of houses are made of wood.

   I couldn't hear a sound.

   This jet plane flies faster than sound.

   The audience is/are enjoying the show.

   The news is very interesting.

   Mathematics is my favorite subject.

   The Chinese drink tea a lot.

2. The store is closed.

   This behavior is a warning sign.

   That dog of hers is smart.

   These/Those books are really large.

   You can choose any color you like.

   We didn't buy much/any food.

   I need a little more time to think.

Most good comedians tell some bad jokes.

Many young people have no money.

Every American likes all Englishmen.

Each explanation is followed by several exercises.

A few/Few questions are allowed in this class.

3. A tiger is in the cage.

Firemen are available.

They met in the school yesterday.

John is visiting his parents now.

A German is a good musician.

Germans are good musicians.

The German is a good musician.

The Germans are good musicians.

Dinosaurs were extinct.

We (usually) meet after school is over.

4. Which do you like the better, this or that?

These are apples, and those are pears.

I like your glasses. What about mine?

We are very glad to hear that.

They're really cheap.

She works for the company, and he's a scientist.

You must be proud of yourself.

He praised himself in the meeting.

They're talking to each other.

5. I don't like the black coat, but I like the brown one.

These cups are dirty. Could I have some clean ones?

I have three books. One is mine. The others are yours.

The biscuit was delicious. I'm going to have another one.

The climate of Seoul is milder than that of New York.

English-speaking settlers began to outnumber those of Mexican heritage.

I'd like to write a journal, but I'm too busy to do so.

I will stay longer if you want me to.

6. It's cold outside.

It's Wednesday.

It's half past four.

It's ten miles from here to my school.

7. He takes a walk every day.

We went on a picnic yesterday.

She is going (to go) abroad next year.

The next test will probably be a little more difficult.

8. He is sleeping right now.

I was studying when they came.

She will be coming soon.

My stomach is hurting.

I'm thinking about the solution.

He's being very brave.

We are hoping you will be with us.

9. The train has arrived.

Have you ever been to Florida?

He has attended the club meetings regularly.

The drugstore has been open since 1920.

I've been studying for the exams.

He had already left when we arrived.

I will have finished my homework by the time you get here.

10. The baby cried. [SV]

She stayed in bed. [SVA]

He is a math teacher. [SVC]

I like gimbap. [SVO]

You can put the dish on the table. [SVOA]

He gave me a present. [SVOO]

Why did they elect him chairman? [SVOC]

11. Bill is good at swimming.

As a swimmer, she's outstanding.

Bill is a good swimmer for a youngster.

For a learner, she swims well.

Morally, it was not an easy problem.

Bill is a good swimmer in a technical sense.

To his parents, his behavior was shocking.

Is the room warm enough for you?

The TV was too big for the room.

This new ship is big enough to cross the Pacific.

This just sounds too good to be true.

It moves slowly enough for us to see (it).

Some of the new laws are too complex for the ordinary citizen to understand.

Are you warm enough?

These bags are too expensive.

12. She is as tall as her mother (is).

She's old, but she's not as old as he (is).

I don't know as many people as you (do).

You can run as fast as Billy can.

I arrived at the same time as Tom (did).

13. Mary is taller than her mother (is).

Her mother is less tall than Mary (is).

You are a better singer than I am.

They've got more/less money than they need.

A car is much more expensive than a motor-bike.

I prefer tea to coffee.

The more she thought about it, the less she liked it.

14. Kate is the shortest of the three.

It was the worst moment in/of my life.

Where is the world's highest mountain?

It is the most interesting speech I've ever heard.

15. I made him carry the box.

They had me repeat the same things.

You shouldn't let him go there again.

Bill had the car cleaned.

I had my picture taken.

16. To see is to believe.

He wanted to go home.

I hope to see you again soon.

I have a book to read.

He came to see me.

You may go if you want to.

He told me not to do it.

The problem is where to get money (from).

He seemed to have been ill (for some time).

I heard the children sing.

Sue believed John to pass the exam.

Dan wanted Pam to behave herself.

I asked her to help me.

Bill promised Jane to work out with her.

17. Ron is splendid to wait.

Ron is slow to react.

Ron is furious to hear it.

Ron is hesitant to agree with you.

Ron is hard to convince.

18. Playing baseball is fun.

We enjoy swimming in the pool.

I'm interested in watching horror movies.

I saw him lying on the beach.

They felt that Mary's coming in late was bad.

Did you go fishing last weekend?

I don't feel like sleeping now.

I cannot help doing things like that.

It's no use trying to persuade me.

19. John and Mary are middle school students.

Does Mary work out on weekends?

Keep it in a safe place, please.

Let's go to the farewell party for Mary.

How beautiful she is!

What a wonderful achievement they've made!

20. I am not tired.

It isn't very cold.

I don't work on Sundays.

You can't turn right here.

We didn't enjoy the holiday very much.

Mary hasn't told him what to do.

Tom will not be at the meeting tomorrow.

Few/No people understand what he's saying.

The children seldomly/rarely/hardly/scarcely like tomatoes.

21. Are you ready?

Is it raining?

Do you like oranges?

Don't you like apples?

Can you write a letter in English?

Have you finished your homework yet?

This is your book, isn't it?

You like oranges, don't you?

Bob isn't here, is he?

They haven't left, have they?

When will you come?

Where can we get the bus?

Why did he leave early?

How did you come to school?

Who can answer that question?

Whose dolls are these?

Which class are you in?

Which ice cream would you like, chocolate or vanilla?

What size is this shirt?

What kind of job do you want?

Which color do you prefer?

What time is it?

How old is she?

How big is the house?

How heavy is your computer?

How much does it cost?

How far did you drive today?

How much of a dancer is she?

Is this a reason for doing that silly thing?

What difference does it make?

How much did (you say) it cost? (with a rising intonation)

It cost how much? (with a rising intonation)

22. She said, "I will help you."

She said that she would help me.

He said to me, "I have been tired a lot lately."

He told me that he had been tired a lot lately.

He said to me, "Please come at once."

He asked me to come at once.

He said, "Do you need a pen?"

He asked if I needed a pen.

Mary asked "Where do you live?"

Mary asked where I lived.

23. What she said was interesting.

I don't know where he lives.

Please tell me what happened.

I wonder whose bicycle that is.

I don't know whether he will come (or not).

Tell me how to make pizza.

I think that he is a good actor.

24. If oil is mixed with water, it floats.

If I wash the dishes, Jane dries them.

If Peggy said, "Jump!" Dan jumped.

If it's raining out there, my car is getting wet.

If someone's at the door, it must/should be Paul.

I'll lend Jack the money if he needs it.

If you feel seasick, take one of these pills.

If it should/happens to/should happen to rain, I'll stay home.

We're going to play baseball tomorrow unless it rains.

Take these pills in case you feel ill on the boat.

I'll lend you the money on condition that you return it within six months.

Provided that/As long as they had plenty to eat, the crew seemed to be happy.

25. If Joe had the time, he would go to Spain.

If I were a bird, I could fly home.

If Joe should/happened to/should happen to have the time, he would go to Spain.

If you had studied harder, you would have passed the exam.

Had I had enough money, I would have bought a tape-recorder.

Without/But for your advice, I would have failed.

It's time you were in bed.

I wish I spoke English well.

He acts as if he knew you.

I'd rather we had dinner now.

26. Can we sit down in here?

May I borrow your book?

You could leave the camp by permission of the manager.

Could we ask you what your opinion is?

You should do as he says.

You had better not say anything about this.

They must do well on the test.

You will report back for duty on Friday morning.

The committee shall meet at least four times per year.

Shall I close the window?

You don't have to go to school tomorrow.

You needn't worry about the test.

You don't need to pay that fine.

Children may not use the swimming pool.

You shouldn't be so impatient.

He suggested that they (should) play baseball.

He may be sick.

He can't be working at this time.

There might be some complaints.

The whole plan could be ruined.

Our guests should/ought to be home by now.

There shouldn't/oughtn't to be any difficulties.

You have to/You've got to be joking.

Someone had to lose the game.

They'll fight to the end rather than give up.

That must/will be my daughter.

She may have made an important discovery.

They must/will have arrived by tomorrow.

She can play the violin.

Could you show me the way to the nearest post office?

I will be able to help you get to the party tonight.

Will you please help me with my English?

My father won't give me any money.

Would you like me to open these letters?

Are you going to catch the last train?

Oil will float on water.

He would take a walk every morning.

27. John plays the guitar, and his sister plays the piano.

They are my neighbors, but I don't know them well.

I may stop by and see you tomorrow or (I) may just phone (you) late in the day.

David both loves Joan and wants to marry her.

You can have either tea or coffee.

It not only rained yesterday, but it also snowed.

The film was neither well-made nor well-acted.

He came not to complain, but to help us.

28. When we arrived, she was talking on the phone.

Since he left this morning, I haven't seen him.

He went to bed because he was sleepy.

We stayed home, since the weather was cold.

Although/Though it was cold, I went swimming.

Leave early in order that you won't miss the bus.

I hurried so that I wouldn't be late.

We moved to London so that we could visit our friends more often.

The weather was so nice that we went to the zoo.

29. He's selling you those for two hundred and fifty dollars? Well, seventy-five.

Ted didn't study at all. Therefore, he failed the test again.

I gave the book to Tom. However, he didn't like it.

I like spending my holidays in the mountains. On the other hand, my sister prefers the seaside.

A good example is a plant, famous for its bitter taste, namely, wormwood.

30. The girl who is playing the piano is called Ann.

The pen which is on the desk is mine.

This is the book (that) I bought yesterday.

I met the girl whose father is a musician.

She is the girl who/whom I told you about.

The town in which I was born is very small.

The house where she lives is very nice indeed.

Mrs. Lee, who teaches English, has two children.

My kids work very hard, which makes me happy.

Nobody understood what she said about that plan.

That's just how he talks, always serious about his work.

Whoever wins this game will win the World Cup.

31. Something strange happened last night.

At the station I met a lady carrying a large umbrella.

Any coins found on this site must be handed to the police.

32. Walking along the street, I met an old friend.

Their father having left the room, the children began to watch TV.

(Being) tired, he went to bed.

Having seen that movie before, I didn't want to see it again.

Too nervous to reply, she stared at the floor.

With the tree growing/grown tall, we get more shade.

33. Personally, I don't like his paintings.

Frankly speaking, I failed the test.

There are twelve people present, to be precise.

Unfortunately, they couldn't make it.

To be sure, we have heard many such stories before.

To our regret, she rejected the offer.

34. My brother was wearing a raincoat, and (he) didn't get wet.

One student has written a poem, and the other (has written) a short story.

John understands the problem better than Mary (does).

I believe (that) you are mistaken.

Though (he had been) defeated, he remained a popular leader.

You can borrow my pen, if you want to (do so).

35. Down came the rain.

Here comes the bus.

Not a word did he say.

She was angry and so was I.

I enjoyed the play and so did my friends.

John didn't see the accident and neither did Mary.

36. There is a cat.

There are two books on the desk.

There are children in the park, aren't there?

There are so many cars available.

There were several men running in the park.

There have been three people killed.

37. Won't you try again? — Yes, I will try again.

You must speak to the teacher. — I have spoken to him.

I do hope you will succeed.

It was John who/that told me the truth.

It was by train that we traveled to London.

More time is what we need.

What we need is more time.

What she is is a smart shopper.

What he's done is (to) spoil the whole thing.

38. It is cruel to tease animals.

It is difficult for me to speak French.

She found it exciting to learn new things.

39. Mr. Long, a neighbor of yours, will be visiting us this evening.

The goal you wrote about in your letter, to become an astronaut, requires a great amount of time and energy.

The fact that Mary was late didn't surprise me.

40. The novel was written by Mark Twain.

The building was built in 1880.

A prize was given to Jane.

Susan will be invited to today's meeting.

I was made to clean the room.

Let it be done at once.

학습내용 성취기준의 학습 활동의 예

〈초등학교 3~4학년군〉

듣기

영역 성취기준	학습내용 성취기준	학습 활동의 예
① 소리를 식별한다.	①-1. 알파벳과 낱말의 소리를 듣고 식별한다.	•알파벳이나 낱말의 소리를 주의 깊게 듣기 •들려주는 알파벳 소리와 같은 소리로 시작하는 낱말에 손을 들거나 ○,×로 표시하기
	①-2. 영어의 소리와 강세, 리듬, 억양을 듣고 식별한다.	•주변의 친숙한 낱말을 듣고 소리와 강세 식별하기 •찬트, 노래 등을 듣고 리듬, 억양 식별하기
② 낱말이나 대화내용을 이해한다.	②-1. 주변의 친숙한 낱말을 듣고 의미를 이해한다.	•들려주는 낱말에 해당하는 그림 카드의 번호 말하기 •주어진 그림을 보고 교사가 들려주는 낱말에 ○,×로 표시하기
	②-2. 일상생활에 사용되는 쉽고 친숙한 표현을 듣고 이해한다.	•인사하기 등 쉽고 간단한 표현을 듣고 뜻이 다른 것 찾아내기 •들려주는 표현과 관련 있는 카드를 찾아 번호를 쓰거나 가능한 많이 찾기
	②-3. 일상생활에 관한 간단한 대화를 듣고 이해한다.	•대화를 듣고 장소, 시간, 주인공을 찾아 표시하기 •대화를 듣고 주인공의 감정이나 태도 찾기
	②-4. 주변의 사물과 사람에 관한 쉽고 간단한 말을 듣고 이해한다.	•여러 낱말을 듣고 낱말 카드에서 찾은 뒤 분류하기 •들려주는 말을 듣고 일치하는 사물이나 사람 그림에 표시하기
	②-5. 지나간 일에 관한 간단한 말을 듣고 이해한다.	•낱말을 듣고 과거나 현재를 나타내는 낱말카드 찾기 •지나간 일에 관한 간단한 말을 듣고 순서대로 그림에 번호 쓰기
③ 찬트, 노래, 게임의 중심 표현을 이해한다.	③-1. 쉽고 간단한 찬트나 노래를 듣고 중심 표현을 이해한다.	•찬트나 노래를 들으면서 어울리는 그림을 찾아 순서대로 놓기 •노래를 들으며 가사에 알맞은 동작을 만들어 발표하기
	③-2. 쉽고 간단한 게임이나 놀이를 통해 중심 표현을 이해한다.	•간단한 게임 규칙을 듣고 이해되면 손을 들어 표시하기 •역할극을 듣고 그림 카드를 순서대로 나열하기

④ 과업을 수행한다.	④-1. 쉽고 간단한 지시, 명령을 듣고 행동한다.	•들려주는 말을 듣고 해당하는 그림이나 카드 빨리 찾기 •들려주는 말을 듣고 손을 들거나 창문을 여는 등 알맞은 행동하기
	④-2. 쉽고 간단한 말을 듣고 단순한 과업을 수행한다.	•들려주는 말을 듣고 그림 카드를 순서대로 배열하기 •들려주는 말을 듣고 해당하는 물건 가져오기

말하기

영역 성취기준	학습내용 성취기준	학습 활동의 예
① 소리를 따라 말한다.	①-1. 알파벳과 낱말의 소리를 듣고 따라 말한다.	•알파벳이나 낱말을 듣고 따라 말하기 •알파벳의 소리를 듣고 같은 소리가 있는 낱말을 말하기
	①-2. 영어의 강세, 리듬, 억양에 맞게 따라 말한다.	•낱말을 듣고 강세에 맞게 따라 말하기 •어구, 문장을 듣고 리듬, 억양에 맞게 따라말하기
② 낱말이나 문장을 말한다.	②-1. 실물이나 그림을 보고 낱말이나 한 문장으로 말한다.	•학용품, 운동, 동물 등의 실물이나 그림을 보고 개수 말하기 •실물이나 그림을 보고 이름, 개수, 색깔을 한두 문장으로 완성하여 말하기 •장난감 그림 카드를 보고 좋아하고 싫어하는 것을 말하기
	②-2. 주변의 사물과 사람에 관해 한두 문장으로 말한다.	•집, 교실에 있는 물건에 대해 설명하는 말을 한두 문장으로 말하기 •주변의 사람, 동물을 보고 특징을 한두 문장으로 말하기
	②-3. 한두 문장으로 지시하거나 명령을 한다.	•그림과 일치하는 지시나 명령을 한 문장으로 하기 •짝과 서로 간단한 지시나 명령을 하고 따르기
	②-4. 쉽고 친숙한 일상 표현을 한다.	•간단한 인사말이나 날씨에 대한 표현을 듣고 말하기 •주위의 친구와 간단한 인사말 주고받기
③ 말하거나 묻고 답한다.	③-1. 한두 문장으로 자기소개를 한다.	•자신의 이름, 나이 등을 간단히 소개하기 •친구와 이름, 나이 등을 서로 묻고 답하기
	③-2. 일상생활에 관해 쉽고 간단한 표현으로 묻고 답한다.	•친구들이 좋아하는 음식, 동물을 조사하고 발표하기 •숫자 표현을 이용하여 시간, 학용품, 동물 등에 대해 묻고 답하기
	③-3. 지나간 일에 관해 간단히 말한다.	•어제 한 일에 대해 말하기 •친구가 주말에 한 일에 대해 조사하고 발표하기

④찬트나 노래, 게임을 한다.	④-1. 쉽고 간단한 게임이나 놀이에 참여하여 말한다.	•모둠별로 자신이 좋아하는 음식을 말하고 이어 말하기 •생일 축하 카드나 선물 그림을 친구에게 축하하며 건네주는 놀이하기
	④-2. 쉽고 간단한 찬트나 노래를 강세, 리듬, 억양에 맞게 부른다.	•강세, 리듬, 억양에 주의하여 찬트나 노래의 속도를 달리하여 부르기 •찬트, 노래의 낱말이나 주인공을 바꾸어 부르기

읽기

영역 성취기준	학습내용 성취기준	학습 활동의 예
①알파벳을 읽는다.	①-1. 알파벳 인쇄체 대·소문자를 식별하여 읽는다.	•알파벳 카드에서 인쇄체 대·소문자 찾기 •알파벳 대·소문자를 구별하여 바르게 연결하기
② 소리와 철자의 관계를 이해하고 낱말을 읽는다.	②-1. 소리와 철자의 관계를 이해한다.	•알파벳의 대표 소리를 구별하고 읽기 •같은 소리로 시작하거나 끝나는 단음절 낱말을 듣고 찾기
	②-2. 소리와 철자의 관계를 바탕으로 쉬운 낱말을 읽는다.	•철자를 조합하여 낱말 읽기 •낱말을 읽고 첫소리가 같은 낱말끼리 연결하기 •낱말을 읽고 끝소리가 같은 낱말끼리 연결하기
③어구나 문장을 읽는다.	③-1. 쉽고 간단한 낱말이나 어구를 따라 읽는다.	•낱말을 듣고 소리로 익힌 낱말 따라 읽기 •어구를 듣고 소리로 익힌 어구 따라 읽기
	③-2. 들은 것과 일치하는 낱말이나 어구를 찾아 읽는다.	•쉽고 간단한 낱말 카드를 보고 강세 살려 읽기 •들려주는 낱말이나 어구를 여러 가지 카드 중에서 정해진 시간 내에 찾아 빠르게 읽기
	③-3. 쉽고 간단한 문장을 따라 읽는다.	•들려주는 문장과 일치하는 문장을 찾아 연결하기 •낱말을 나타내는 작은 그림이 포함된 간단한 문장을 들려주는 대로 따라 읽기
	③-4. 쉽고 간단한 낱말이나 어구를 소리 내어 읽는다.	•쉽고 간단한 낱말을 소리 내어 읽기 •쉽고 간단한 어구를 소리 내어 읽기
④낱말이나 어구의 의미를 이해한다.	④-1. 그림, 실물, 동작 등을 통해 쉽고 간단한 낱말을 읽고 의미를 이해한다.	•그림, 실물과 함께 제시되는 낱말 읽기 •동작과 일치하는 낱말 카드를 찾아 분류하기
	④-2. 쉽고 간단한 낱말이나 어구를 읽고 의미를 이해한다.	•미로 찾기 놀이를 통해 그림과 일치하는 낱말 연결하기 •주어진 낱말을 순서대로 연결하여 어구 만들기

쓰기

영역 성취기준	학습내용 성취기준	학습 활동의 예
① 알파벳을 쓴다.	①-1. 알파벳 인쇄체 대·소문자를 쓴다.	•알파벳 베껴 쓰기 •순서대로 제시된 알파벳 인쇄체 대·소문자 중 빠진 알파벳 쓰기 •친구가 쓴 인쇄체 대·소문자 고쳐 쓰기
② 낱말이나 어구를 쓴다.	②-1. 구두로 익힌 낱말을 따라 쓴다.	•주어진 낱말을 베껴 쓰기 •그림으로 제시된 낱말을 퍼즐에서 찾아 그대로 따라 쓰기 •그림이 제시된 사다리를 타고 내려가 빈칸에 낱말 완성하기
	②-2. 짧고 쉬운 낱말이나 어구를 따라 쓰거나 보고 쓴다.	•그림을 보고 일치하는 낱말이나 어구를 따라 쓰기 •그림에 해당하는 낱말이나 어구를 보고 쓰기
	②-3. 그림, 실물, 동작 등을 나타내는 낱말이나 어구를 완성하여 쓴다.	•첫 글자만 제시된 낱말 완성하기 •일부가 잘못 쓰인 낱말 고쳐 쓰기 •알파벳 인쇄체 대·소문자가 섞여 제시된 낱말 고쳐 쓰기

〈초등학교 5~6학년군〉

듣기

영역 성취기준	학습내용 성취기준	학습 활동의 예
① 중심 내용을 이해한다.	①-1. 실물이나 그림에 관한 설명을 듣고 이해한다.	•실물이나 그림에 관한 설명을 듣고 알맞은 그림이나 실물 찾기 •실물이나 그림에 관한 설명 듣고 낱말 찾기
	①-2. 앞으로 일어날 일에 관한 간단한 말이나 대화를 듣고 이해한다.	•대화를 듣고 앞으로 일어날 일에 대한 그림카드를 순서대로 나열하기 •친구들의 주말이나 방학 계획을 듣고 도표로 나타내기
	①-3. 대상을 비교하는 쉬운 말이나 대화를 듣고 이해한다.	•두 가지 대상을 비교하는 표현을 듣고 순서대로 배열하거나 그리기 •비교하는 말이나 대화를 듣고 내용에 해당하는 그림이나 사진 선택하기
	①-4. 간단한 말이나 대화를 듣고 의도나 목적을 이해한다.	•물건 사고팔기에 관한 말이나 대화를 듣고 일치하는 그림 연결하기 •길 안내에 관한 말이나 대화를 듣고 짝과 함께 알맞은 장소 찾기

② 세부 내용을 이해한다.	②-1. 그림이나 도표에 관한 쉽고 간단한 말이나 대화를 듣고 세부 내용을 이해한다.	•그림에 관한 간단한 말이나 대화를 듣고 내용의 일치여부 확인하기 •도표에 관한 간단한 말이나 대화를 듣고 내용의 일치여부 확인하기
	②-2. 일상생활에 관한 간단한 말이나 대화를 듣고 세부 내용을 이해한다.	•간단한 대화를 듣고 장소나 시간 찾기 •간단한 말이나 대화를 듣고 이유에 알맞은 그림 찾기 •간단한 말이나 대화를 듣고 화자의 관계 찾기
③ 전화 대화를 이해한다.	③-1. 전화 대화에 필요한 기초적인 표현을 듣고 이해한다.	•전화 걸 때 사용하는 표현 듣고 이해하기 •전화 받을 때 사용하는 표현 듣고 이해하기
	③-2. 간단한 전화 대화를 듣고 이해한다.	•전화 대화를 듣고 약속시간과 장소 등을 간단히 메모하기 •전화 대화를 듣고 화자의 관계 파악하기
④ 과업을 수행한다.	④-1. 간단한 묘사나 설명을 듣고 과업을 수행한다.	•묘사하는 말을 듣고 그리거나 몸으로 표현하기 •간단한 설명을 듣고 동작으로 표현하거나 조사하기
	④-2. 일상생활에 관한 간단한 말이나 대화를 듣고 과업을 수행한다.	•하루 일과에 대한 간단한 대화를 듣고 하루일과표나 시간표 만들기 •일상생활에 대한 간단한 말을 듣고 건물의 위치를 지도에서 표시하거나 날짜와 요일을 달력에서 찾아보기

말하기

영역 성취기준	학습내용 성취기준	학습 활동의 예
① 중심 내용을 말한다.	①-1. 주변의 친숙한 대상에 관해 간단히 말한다.	•집, 학교에 있는 물건들에 대하여 간단히 말하기 •가족, 친구의 외모, 옷차림, 좋아하는 것 등을 말하기
	①-2. 단순한 그림이나 사진을 보고 상황을 간단히 말한다.	•그림이나 동영상 등을 보고 순서에 맞게 말하기 •뒤섞여 있는 이야기 카드를 순서대로 배열하고 말하기
	①-3. 일상생활에 관한 간단한 말이나 대화를 듣고 중심 내용을 묻고 답한다.	•말이나 대화를 듣고 알맞은 그림을 골라 간단히 말하기 •말이나 대화를 듣고 중심 소재에 대해 묻고 답하기

② 세부 내용을 묻고 답한다.	②-1. 일상생활에 관해 간단히 이유를 묻고 답한다.	•지각한 이유, 기분이 좋은 이유 등을 묻고 답하기 •좋아하는 운동선수, 과목, 취미 활동 등의 이유 말하기
	②-2. 앞으로 일어날 일에 관해 간단히 묻고 답한다.	•방학이나 주말에 할 일을 말판 놀이를 하며 묻고 답하기 •자신의 여행 계획에 대해 간단히 말하기
	②-3. 일상생활에 관한 간단한 말이나 대화를 듣고 세부 내용을 묻고 답한다.	•말이나 대화를 듣고 물건을 산 장소와 가격을 묻고 답하기 •말이나 대화를 듣고 초대 시간이나 교통수단에 관해 묻고 답하기
③ 전화 대화를 한다.	③-1. 전화 대화에 필요한 기초적인 표현을 한다.	•전화 걸 때 사용하는 표현 말하기 •전화 받을 때 사용하는 표현 말하기
	③-2. 간단한 전화 대화를 한다.	•안부를 묻거나 약속을 정하는 전화 대화하기 •생일 초대를 위한 전화 대화를 완성하여 역할극 하기
④ 지시하거나 요청한다.	④-1. 두세 개의 연속된 문장으로 지시하거나 명령한다.	•간단한 명령을 자연스럽게 이어서 말하기 •게임을 하며 지시나 명령하기
	④-2. 쉽고 간단한 표현을 사용하여 상황에 맞게 요청한다.	•상황 카드를 보여주며 요청하는 말 주고 받기 •지도를 보여주며 정중하게 길 안내 요청하기

읽기

영역 성취기준	학습내용 성취기준	학습 활동의 예
① 소리 내어 읽는다.	①-1. 쉽고 간단한 문장을 강세, 리듬, 억양에 맞게 소리내어 읽는다.	•듣기 자료를 소리 내어 읽기 •교사와 학생이 한 문장씩 번갈아 읽기 •함께 소리를 맞추어 소리 내어 읽기
	①-2. 일상생활에 관한 짧고 쉬운 글을 소리 내어 읽는다.	•초대장, 감사카드, 안내문, 메모 등을 소리내어 읽기 •글과 그림을 바르게 연결하고 소리 내어 읽기
② 문장을 읽고 이해한다.	②-1. 주변의 친숙한 대상의 이름이나 표지판 등을 읽고 이해한다.	•상표, 전단지, 광고 등과 일치하는 문장 찾기 •간판, 감사장, 안내문 등과 일치하는 문장 찾기
	②-2. 쉽고 간단한 문장을 읽고 이해한다.	•문장을 읽고 일치하는 그림 찾기 •문장 카드를 활용하여 순서 맞추기 등의 게임하기

	③-1. 그림이나 도표가 포함된 쉽고 간단한 글을 읽고 이해한다.	•시간표, 일기도가 포함된 글을 읽고 문장 완성하기 •글에 포함된 음식이나 운동 선호도 조사표를 보고 문장 순서 맞추기
③ 글의 내용을 이해한다.	③-2. 일상생활에 관한 짧고 쉬운 글을 읽고 이해한다.	•짧은 글을 읽고 문장 완성하기 •초대장, 이메일 등을 읽고 질문에 답하기
	③-3. 개인생활을 소개하는 짧고 쉬운 글을 읽고 이해한다.	•일기를 읽고 주요 사건 말하기 •나와 친구의 일과를 읽고 차이점과 공통점 찾기
	③-4. 쉬운 이야기를 읽고 줄거리를 이해한다.	•이야기를 읽고 대강의 줄거리 파악하기 •친숙한 이야기를 읽고 문장을 순서대로 배열하기

쓰기

영역 성취기준	학습내용 성취기준	학습 활동의 예
① 철자법에 맞게 쓴다.	①-1. 문장 안에서 인쇄체 대·소문자를 바르게 쓴다.	•문장의 첫 글자나 고유명사의 첫 글자, 'I' 등을 대문자로 정확하게 쓰기 •친구가 쓴 문장의 틀린 대·소문자를 바르게 고쳐 주기
	①-2. 문장 안에서 구두점을 바르게 쓴다.	•평서문, 의문문, 감탄문 등에 맞게 구두점 바르게 쓰기 •친구가 쓴 문장의 틀린 구두점을 바르게 고쳐 주기
② 낱말이나 어구를 쓴다.	②-1. 소리와 철자의 관계를 바탕으로 쉬운 낱말을 듣고 쓴다.	•낱말을 듣고 섞여 있는 알파벳을 알맞게 배열하여 해당 낱말 쓰기 •낱말을 듣고 주어진 문장의 빈 칸에 낱말 쓰기
	②-2. 실물, 그림, 도표를 보고 쉽고 간단한 낱말이나 어구를 쓴다.	•그림을 보고 워드퍼즐 맞추기 •그림이나 도표 등을 보고 어구 완성하기
	②-3. 주어진 낱말이나 어구를 넣어 간단한 문장을 완성한다.	•주어진 낱말이나 어구를 활용하여 문장 완성하기 •그림을 보고 문장 완성하기
③ 문장이나 짧은 글을 쓴다.	③-1. 실물, 그림, 도표를 보고 한두 문장으로 쓴다.	•실물을 보고 묘사하는 문장 쓰기 •그림을 보고 한두 문장으로 쓰기
	③-2. 예시문을 참고하여 간단한 초대, 감사, 축하 등의 짧은 글을 쓴다.	•초대장의 날짜와 장소 고쳐 쓰기 •예시 문을 이용하여 짧은 감사 편지 쓰기
	③-3. 자신이나 가족 등에 관해 짧고 간단하게 쓴다.	•자신을 소개하는 소책자 만들기 •가족을 소개하는 짧은 글을 쓰고 발표하기

김영철

공주교육대학교 영어교육과 교수(영어교육 박사)

논문
- ·「눈높이에 맞춘 교과 교차적 통합 초등영어 지도방법의 효과에 관한 연구」, *Studies in English Education 16(2)*, 49~71, 2011.
- ·「제7차 초등영어 교육과정의 발전적 고찰에 관한 연구: 학생의 학년과 사교육 경험 중심」, *Studies in English Education 15(2)*, 49~79, 2010.
- ·「학생중심의 제7차 초등영어 교육과정의 발전적 고찰에 관한 연구: 권역과 성별중심으로」, *Studies in English Education 14(1)*, 51~88, 2009.
- ·「교사와 학습자가 공유한 루브릭이 초등영어 말하기 능력에 미치는 영향」(공저), *Studies in English Education 13(1)*, 66~98, 2008a.
- ·「제7차 초등영어 교육과정의 발전적 고찰에 관한 연구: 교사 중심으로」, *Foreign Languages Education 15(2)*, 273~318, 2008b.
- ·「Improving English expressive power, reading comprehension, and geographical insight through geographical content」, *Studies in English Education 13(2)*, 1~20, 2008c.
- ·「초등영어 사교육이 학습자들의 정의적 영역에 미치는 영향: 설문조사와 심층면담을 통하여」(공저), *영어영문학연구 31(3)*, 91~124, 2005.
- ·「다양한 활동의 단계별, 수준별 통합적 읽기·쓰기 지도가 학습자들의 문자 언어 향상에 미치는 영향」, *Foreign Languages Education 11(2)*, 297~324, 2004a.
- ·「제7차 초등영어 교육과정의 현황에 관한 연구: 교사와 장학사 중심 설문 조사를 통하여」, *초등영어교육 10(1)*, 5~41, 2004b.
- ·「초등영어 교실에 적용할 수 있는 평가의 방향」, *Foreign Languages Education 9(3)*, 265~287, 2002a.
- ·「통합적인 초등영어 읽기, 쓰기 교수·학습에 관한 연구」, *Studies in English Education 7(2)*, 37~58, 2002b.
- ·「Grammatical conditioning and teaching English double object constructions to Korean students」, *Foreign Languages Education 8(1)*, 97~118, 2001.

저서
『초등영어 교과서 5학년』, 금성출판사, 2012.
『초등영어 교사용지도서 5학년』, 금성출판사, 2012.
『초등영어 e-교과서 5학년』, 금성출판사, 2012.
『초등영어 교과서 3, 4학년』, 금성출판사, 2011.
『초등영어 교사용지도서 3, 4학년』 금성출판사, 2011.
『초등영어 e-교과서 3, 4학년』, 금성출판사, 2011.
『학생 중심의 제7차 초등영어 교육과정 심층분석』, 글로벌콘텐츠, 2011.
『교사 중심의 제7차 초등영어 교육과정 심층분석』, 글로벌콘텐츠, 2009.

『초등영어 통합교과 지도방법』(공저), 글로벌콘텐츠, 2009.
『교과 교차적 통합 초등영어 지도방법』(공저), 경진문화사, 2006.
『초등영어교육론』, 한국문화사, 2005.
『초등영어 PELT Level Test 1급』(공저), 2급, 3급, 2003.
『초등영어 PELT Standard Book 1급, 2급, 3급』, 2003.

학회활동 글로벌영어교육학회 부회장, 편집위원장, 2012~2014.
글로벌영어교육학회 부회장, 편집위원장, 2008~2010.
오하이오 주립대학 교환교수, 2010년.
한국초등영어교육학회 편집위원, 2004~2010.
팬코리아영어교육학회 편집위원, 2004~2009.
한국초등영어교육학회 편집이사, 2004~2006.
대한영어영문학회 이사